# 초등 영어
## 수업을 위한
# 꿀팁 55

참여형 수업 활동을 이끄는
# 초등 영어 수업을 위한 꿀팁 55

**제1판 제1쇄** 발행 2019년 02월 18일
**제1판 제4쇄** 발행 2021년 01월 10일

**지은이** 박기오  **발행인** 조헌성  **발행처** (주)미래와경영
**ISBN** 978-89-6287-192-0 03370  **값** 16,000원
**출판등록** 2000년 03월 24일  제25100-2006-000040호
**주소** (08590) 서울특별시 금천구 가산디지털1로 84, 에이스하이엔드타워 8차 1106호
**전화번호** 02) 837-1107      **팩스번호** 02) 837-1108
**홈페이지** www.fmbook.com  **이메일** fmbook@naver.com

■좋은 책은 독자와 함께합니다.
  책으로 펴내고 싶은 소중한 경험이나 지식, 아이디어를 이메일 fmbook@naver.com로 보내주세요.
  (주)미래와경영은 언제나 여러분께 열려 있습니다.

참여형 수업 활동을 이끄는

# 초등 영어 수업을 위한 꿀팁 55

박기오 지음

미래와경영

"영어를 잘 못하는데 영어 수업을 할 수 있을까요?"

"항상 담임만 하다가 처음으로 영어 전담 맡았는데 어떡하죠?"

"신규 교사인데 담임이 아닌 영어 전담을 맡게 되었어요!"

초등학교에서 영어를 처음 맡았을 때 여러 선생님께서 하는 말씀입니다. 이런 말을 하는 이유는 초등학교에서 영어라는 과목은 너무나도 특수한 과목이기 때문일 것입니다. 초등학교에서는 대부분의 과목을 주로 담임 선생님이 가르치고, 영어의 경우 교과전담교사라고 불리는 전담 선생님이 가르치는 경우가 많습니다. 하지만 많은 초등학교 선생님은 영어라는 과목을 처음 맡았을 때 느끼는 부담감과 막막함은 생각보다 큽니다.

초등학교 학생들에게 영어교과에서 어떤 내용을 가르쳐야 하는지는 국가에서 정한 2015 개정 교육과정 및 수업의 재료라 할 수 있는 영어 교과서에 충분히 제시되어 있습니다. 수업 내용을 선생님이 어떻게 가르쳐야 하는지, 방법에 대한 측면은 물론 교사용 지도서에 제시되어 있습니다. 하지만 영어 수업이 막막한 선생님들은 지도서만으로는 부족함을 느낄 것입니다. 저 또한 담임 교사만 4년을 하고 처음 영어교과 전담교사가 되었을 때의 두려움과 막막함은 상당히 컸던 기억이 납니다.

지의 가장 큰 거정과 고민은, 매주 만나는 200여명이 넘는 학생들이 영어라는 과목을 저한테 배웠을 때 '정말 흥미를 가지고 수업에 참여하고, 진정한 배움이 일어날 수 있을까?'라는 것이었습니다. 학생 모두를 100% 만족시킬 수는 없겠지만, 정말 많은 학생이 저와 함께 1년 동안 영어를 배우면서 영어교과를 배우는 것을 즐기고, 만족하고, 성장하기를 바랐습니다.

또한 제 스스로 성장하기 위해서, 학생들에게 조금이라도 더 좋은 영어 수업을 위해서 매일 영어 수업에 대한 기록을 남기기 시작했습니다. 일상 영어 수업 영상도 매일 촬영하여 공유하기 시작했습니다. 기록이 늘어날수록 저와 소통하는 선생님들이 늘어났고, 소통을 통해서 저는 조금씩 더 성장하게 되었습니다. 효과적인 영어 수업을 구상하고, 학생들의 배움에 도움이 되는 연구를 더 꾸준히 하게 되었습니다. 언제부턴가 제가 기록하는 영어 수업에 대한 방법과 내용들이 다른 선생님들께는 귀중한 아이디어가, 노하우가, 새로운 관점이 되었습니다.

"안녕하세요? 선생님! 대구에서 근무하고 있는 초등학교 교사입니다. 이렇게 소중한 경험을 나누어 주셔서 감사합니다. 육아휴직 후 복직을 하는데, 영어교과 전담 자리에 가게 되었어요. 선생님 블로그는 정말 저에게 보물창고 같아요. 선생님의 노하우를 열심히 배워서 아이들에게 행복하고 즐거운 영어 수업할게요. 감사합니다."

"쭉곧 담임을 하다가 영어 전담을 맡은 지 3년차입니다. 올해에는 무언가 울림이 있는 수업을 하고 싶은 마음에 이리저리 정보를 찾고 있습니다. 그러다 선생님의 블로그를 보고 정말 깜짝 놀랐습니다. 정말 대단하세요. 마치 매일 공개수업을 하는 것처럼 이렇게 준비를 훌륭하게 하시다니, 제가 자극받고 도전하고 싶습니다. 앞으로도 많은 정보 알려주세요."

기록을 남기고 소통을 시작한 지 2년이 넘어서니 저의 블로그를 통해서 전국에서 영어를 가르치는 다양한 분들과 영어 수업에 대한 방법을 공유하고 소통하게 되었습니다. 많은 선생님이 저의 영어 수업 방법과 노하우에 공감을 해주셨습니다.

이 책은 그동안 제가 기록한 초등학교 영어 수업 방법과 노하우에 대한 총 집합체라고 할 수 있습니다. 초등영어 수업 준비부터 방법, 그리고 학생 활동을 기록하여 전체적인 영어 수업의 흐름을 한눈에 알 수 있게 하였습니다. 수업 시간의 작은 변화로부터 조금이라도 더 효과적인 영어 수업이 되었으면 좋겠습니다.

영어를 처음 맡아서 막막하고 두려운 선생님, 영어를 이미 가르치고 있지만 새로운 관점이나 방향성이 궁금하신 선생님, 영어교육과 이론을 바탕으로 실제적인 영어 수업 방법을 찾는 선생님, 초등학교 영어교과 교육에 대하여 궁금한 연구자 또는 학부모님, 전국의 방과후 학교 영어 관련 프로그램 또는 영어 학원 선생님 등이 이 책에서 초등영어 수업 방법, 새로운 관점, 또는 정말 생각지 못했던 꿀팁을 얻어 가시길 바랍니다.

저자 박기오

# Contents

## Part 3
# 재미있는 영어 수업을 위한 꿀팁

# Part 4

# 영어 수업에서 학생 활동을 이끄는 꿀팁

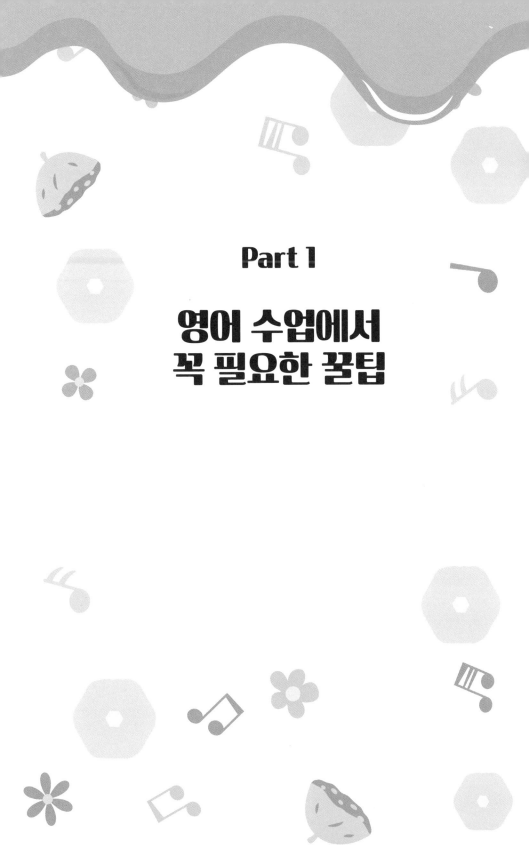

# Part 1

# 영어 수업에서
# 꼭 필요한 꿀팁

# 한글 이름을 영어로 써보세요
## - 로마자 표기

<이런 상황에서 활용>

영어 수업을 하다 보면 학생들에게 학습지를 나눠주는 경우가 많습니다. 그럴 때면 분실을 막기 위하여 학습지에 이름 쓰는 칸을 만드는 편입니다. 많은 학생이 영어 수업 시간이기 때문인지 이름을 한글로 쓸지 영어로 쓸지 물어봅니다. 만약 선생님께서 영어로 이름을 쓰라고 하면 생각보다 자신의 이름을 영어로 쓰고 싶은데 잘 모르는 학생이 정말 많습니다. 저는 이 방법을 통해서 선생님께 영어로 이름 쓰는 방법을 물어 보기 전에, 학생 스스로 자신의 이름을 영어로 쓰는 방법을 찾을 수 있도록 도와주었습니다.

<어떻게 할까요?>

국어사전에서 로마자 표기법을 제시하고 있습니다. 간혹 교과서에서 이 로마자 표기법을 활용한 내용이 나오긴 하지만 실제 이름을 영어로 쓸 때 이대로 쓰

는 경우도 있지만 쓰지 않는 경우도 많습니다. 저의 이름 '박기오'를 로마자 표기법에 의해서 표기할 경우 'Pak Gio' 또는 'Bak Kio' 등으로 쓸 수 있지만 실제로 저는 'Park Gio'로 쓰고 있습니다.

따라서 해당 단원이 자기 이름을 영어로 쓰는 주제의 내용이면 괜찮겠지만, 그렇지 않다면 더 손쉽고 빠르고 편하게 자신의 이름을 영어로 쓰는 방법이 있습니다. 네이버에서 「한글 이름 로마자 표기」로 검색하면 한글 이름을 입력할 수 있는 메뉴가 생깁니다. 이름을 입력하고 오른쪽 아래에 〈더보기〉를 클릭합니다.

[출처 : 네이버 〈한글 이름 로마자 표기〉 검색 결과 화면]

우측 하단 〈더보기〉를 클릭하면 새로운 창이 열리면서 검색 결과가 나옵니다. 위와 같이 제 이름 '박기오'를 검색하면 가장 사용 빈도가 높은 로마자 표기는 'Park Kio' 입니다. 저는 'Kio'라고 쓰면 외국인들이 저를 '키오'라고 불러서 '지오'로 불리는 것이 더 좋아 사용 빈도가 3위인 'Park Gio'를 여권용 영문 이름으로 설정했습니다. 이처럼 학생들에게 사용 빈도 순위를 보고 자기가 쓰고 싶은 이름으로 하나 정해서 쓰면 된다고 알려주면 됩니다.

학교나 교실에 PC가 여러 대가 있으면 학생들이 학교에서 할 수 있지만, PC 한 대로는 전체 학생을 검색해서 알려주기에는 시간 소모가 많겠지요. 저는 가정에서 자신의 영어 이름을 찾아보고, 그중 한 개 골라서 영어책 앞에 크게 써오라는 숙제를 내줬습니다. 굳이 영어 이름을 수업시간에 쓸 일은 많지 않지만, 학생 중에 이름 쓸 때 영어 수업시간이므로 자신의 이름을 영어로 쓰고 싶어 하는 학생이 많습니다.

<활용 Tip>

1. 선생님의 이름을 미리 입력해보고 학생들에게 그 화면을 보여주는 것도 좋아요.

2. 한글을 영어로 다 표현할 수 없다는 것을 자연스레 이야기해볼 수 있어요.

# 영화 속의 영어 표현을 활용하세요

## <이런 상황에서 활용>

초등 영어 교과서에 나오는 표현을 보면서 '정말 영어를 사용하는 사람들이 쓰는 표현일까?'라는 의문을 가졌습니다. 그래서 학생들이 배우는 영어 표현이 등장하는 영화 장면을 찾아보았고, 학생들에게 그 장면을 보여주고 따라서 말해보게 하였습니다. 교과서에서 배운 영어 표현을 영화에 등장하는 원어민의 말 속도와 어조로 생생하게 느낄 수 있다는 점에서 학생들에게 굉장히 실감나는 영어 학습이 가능했습니다.

## <어떻게 할까요?>

영화에서 나오는 영어 표현의 영상을 찾아서 손쉽게 다운로드 받을 수 있게 도와주는 웹사이트가 있습니다.

http://getyarn.io

[출처 : Yarn 웹사이트 메인 검색 화면]

YARN 사이트는 이렇게 특정 영어 표현을 검색했을 때 해당하는 영어 표현이 나오는 장면이 제시됩니다. 영상은 마우스 오른쪽 클릭하여 다른 이름으로 저장할 수 있고, 영상의 길이는 대부분 1~3초 정도로 짧은 편입니다.

[출처 : Yarn 웹사이트 검색 결과 화면]

선생님이 먼저 해야 할 일은 해당하는 단원이나 주제의 핵심 표현을 분석하는 것입니다. 예를 들어 4학년 교과서에 직업 관련 단원이 나왔다고 하면, 직업을 묻고 답하는 영어 표현이 핵심 표현이 됩니다.

4학년 직업 관련 단원을 예로 살펴보겠습니다.

〈9. I'm a Pilot.〉이라는 교과 단원에는 이런 핵심 표현들이 있습니다.

Q : Are you a (직업)?　　　　A : Yes, I am. / No, I'm not.

Q : How are you?　　　　　　A : I'm fine.

Q : What do you do?　　A : I'm a (직업).

Q : What does she do?　　A : She is a (직업).

Q : What does he do?　　A : He is a (직업).

그럼, 이 핵심 표현과 관련 있는 영상을 검색하고 자료를 모두 다운받습니다. YARN 사이트 해당 영상 클립에서 마우스 오른쪽 버튼을 클릭하면「다른 이름으로 비디오 저장」기능을 제공하니 1초~3초 정도의 짧은 영상 파일로 저장할 수 있습니다. 그중에서 실제 수업시간에 사용할 영상을 비슷한 표현끼리 그룹화 또는 학생에게 보여줄 순서에 맞게 순서화하여 파일명을 수정합니다. 이때 파일명은 보여주는 순서에 맞추는(예 : 01, 02, 03) 것이 좋으며, 파일명에 해당하는 표현을 함께 써주면 파일명만 봐도 확인이 가능합니다.

[출처 : Yarn 웹사이트 검색 결과 목록 화면]

해당 영상은 수업 중에 반복 듣기 및 표현 맞히기, 표현 듣고 말하기 등에 활용할 수 있습니다. 교과서에 나온 영어 표현이 실제로 영화에서 등장한다는 사실에 학생들은 정말 신기해합니다. 영상 자료를 고를 때에는 되도록 학생에게 친숙한 영화 또는 만화영화에서 영상을 고르는 것이 좋습니다. 또 학생들이 반복적으로 들었을 때 충분히 해당 영어 표현이 들리는 장면을 고르는 것이 좋습니다. 간혹 말이 빨라서 선생님도 해당 표현이 안 들리는 경우도 있습니다. 특히, 핵심 표현 뿐만 아니라 비슷한 표현, 다른 표현이지만 비슷한 의미를 갖는 장면을 골라주는 것도 좋습니다.

<활용 Tip>

1. 영상의 길이가 짧기 때문에 「한곡 반복」 기능과 동영상 재생 프로그램의 단축키 (재생/일시정지는 <스페이스바>, 다음 영상은 <PageDown>)를 활용하면 훨씬 효과 적입니다. 이 내용은 「꿀팁 23 효율적인 영상 활용 수업을 위한 재생 프로그램의 단축키」에서 확인 가능합니다.

2. 영화에서 찾은 영어 표현을 가지고 실제로 수업시간에 진행하는 저의 일상 수 업 영상 주소입니다.

[https://blog.naver.com/bsgyo/221399717217]

# 집중구호 〈Class - Yes!〉

<이런 상황에서 활용>

영어 수업시간에 학생들을 집중시키기 위한 다양한 구호가 존재합니다. 예를 들면, 선생님이 "Look look look at me!"를 하면 학생들이 "Look look look at you!"를 한다든지, 선생님이 "Clap your hands 5 times!"를 말하면 학생들이 박수를 5번 친다거나, 선생님이 "Eyes on me!"를 말하면 학생들이 "Eyes on teacher!"를 하는 등의 구호가 있습니다.

저는 여러 구호 중에서도 가장 손쉽게 적용 가능하며 여러 가지로 변형할 수 있을 뿐만 아니라 학생들이 영어의 억양·리듬·박자 등의 초분절음의 요소까지 체득할 수 있는 〈Class-Yes〉 구호를 사용하였습니다.

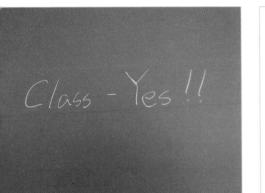

# Class!
# Yes!

<어떻게 할까요?>

먼저 선생님이 "I say class, you say yes, CLASS!"라고 하면, 학생들이 "Yes!"
라고 답합니다. 이 말을 2~3회 반복하면 학생 대부분이 Yes를 말할 수 있습니다.
그럼 이제 <Class-Yes>를 가지고 신나게 말 주고받기를 해봅니다. 그냥 간단
하게 <Class - Yes>도 가능하지만, 다양한 방법으로 변형할 수 있습니다. Class
의 횟수를 늘려서 "Class class class - Yes yes yes!" 이렇게 할 수도 있고, 선생
님이 '억양, 목소리 크기, 어조' 등을 바꿔가면서 Class를 외치면 학생들은 맞춰서
"Yes"를 답합니다.

이는 마치 콘서트장에서 가수가 "Say Yes~" 하면 관객들이 "Yes~"를 따라하는
형태를 생각해보면 됩니다. 이때 억양, 목소리 크기, 어조를 변형할 수도 있고, 선
생님이 박수를 치거나 발을 구르고 나서 Class를 외치는 형태로 변형할 수도 있
습니다. 학생들은 선생님의 박수와 발 구르기에 맞춰서 똑같이 박수를 치거나 발
구르기를 하고 Yes를 답합니다.

<활용 Tip>

1. 학생들이 즐겁게 집중할 수 있는 방법이므로 다양하게 변형해서 적용할수록 더 좋아합니다.

2. '억양, 목소리 크기, 어조'의 변화는 영어를 배우는 학습자에게 꼭 필요한 요소입니다. 학생들에게도 영어로 말할 때에는 이런 억양, 목소리 크기, 어조의 변화에 대해서 알려주면 좋습니다.

3. <Class - Yes>를 수업 중에 활용하는 저의 일상 수업 영상 주소입니다.

[https://blog.naver.com/bsgyo/221400094892]

# 영어교실 규칙을 정해요
# - 5가지

<이런 상황에서 활용>

학생들을 처음 만났을 때 영어 수업시간에 지켜야 할 규칙에 대해서 이야기하게 됩니다. 영어교실 규칙을 한 번 말하고, 수업 중간중간 필요할 때 학생들의 '활동'처럼 적용할 수 있습니다. 선생님이 아래에 있는 5가지 규칙만 있으면 어떤 상황에서도 학생들에게 이 내용을 적용할 수 있습니다.

<어떻게 할까요?>

5가지 영어교실 규칙은 「5 Classroom Rules」라고 할 수 있습니다. 이 규칙은 학생과 처음 만나는 수업시간 오리엔테이션 때 적용하는 것이 좋습니다. 먼저 5개의 규칙에 대한 인쇄물을 미리 준비합니다. 칠판에 판서하면서 해도 되지만, 5가지 규칙을 인쇄하여 선생님이 수업 중간 언제라도 가리킬 수 있게 칠판이나 교실 주변에 잘 보이는 곳에 게시해 둡니다.

학생들에게는 앞으로 영어 수업시간에 이 5가지 규칙만 지켜주면 된다고 이야기를 합니다. 그리고 5가지 규칙을 하나씩 동작과 함께 따라하며 말해보는 시간을 가집니다.

선생님이

"Repeat after me, rule number one."

이라고 외치면서 손가락 하나를 펴서 허공에 흔듭니다.

"Rule number one! Follow directions quickly."

하면서 손을 파닥파닥 빠르게 움직이는 동작을 합니다.

"Rule number two, rule number two! Reduce small talk."

손으로 입 모양을 하면서 줄어드는 동작을 합니다.

"Rule number three, rule number three! Look and listen"

양손으로 눈 모양을 만들어서 눈을 확대하는 모습과 한 손으로 귀를 기울이는 모습을 합니다.

"Rule number four, rule number four! Think before you act"

손가락으로 머리를 가리킵니다.

"Rule number five, rule number five! Keep your teacher happy!"

이 부분이 하이라이트입니다. 양손을 얼굴에 대고 웃는 모습을 합니다. 학생들이 웃는다면 성공입니다.

**#1** Follow Directions Quickly | **#2** Reduce Small Talk! | **#3** Look And Listen! | **#4** Think Before You Act! | **#5** Keep Your Teacher Happy!

<활용 Tip>

1. 동작을 꼭 따라하게 해야 더욱 즐거워집니다. 고학년은 시간이 지나면서 동작에 대해 너무 강요하지 않아도 괜찮습니다.

2. 저는 「Rule number five」를 가장 좋아했습니다.

3. 영어교실 규칙은 학생들이 잘하거나 못했을 때 어떤 상황에서든 잘 쓸 수 있는 구호 활동과도 같습니다. 하지만 너무 자주 쓰면 수업의 흐름이 깨지기 때문에 꼭 필요할 때만 쓰는 것이 좋습니다. 수업을 시작할 때, 수업 중간중간 다음 활동으로 넘어갈 때, 그리고 수업이나 활동을 마무리하는 타이밍에 적용하면 효과적입니다.

4. 실제로 학생들을 처음 만나서 5가지 영어교실 규칙을 소개하는 저의 일상 수업 영상 주소입니다.

[https://blog.naver.com/bsgyo/221400103857]

## 꿀팁 05

# 설문조사를 하세요!

### <이런 상황에서 활용>

학생들의 생각은 정말 창의적이고 다양합니다. 수업을 진행하다가 학생들의 의견을 듣고 싶을 때는 익명으로 설문조사를 실시하면 학생의 다양한 생각을 알 수 있습니다. 또 학생들과 수업 전반에 대한 이야기를 나눠볼 수 있고, 특히 선생님께서 뭔가 바꾸고 싶은 부분이 있을 때는 설문조사를 통해서 새로운 변화를 줄 수 있다는 큰 장점이 있습니다.

### <어떻게 할까요?>

설문조사는 가능하면 2~3달 정도에 한 번씩 하면 좋습니다. 상황이 여의치 않다면 최소한 1학기 말에 한 번 꼭 하고 2학기를 맞이해도 좋습니다. 학생의 의견을 많이 들을 수 있도록 익명으로 진행합니다. 설문조사 내용은 선생님이 학생들로부터 듣고 싶은 것을 문항으로 적어주면 됩니다. 저는 학생들이 쓸 수 있는 공간을 최대한 많이 만들었습니다. 아래 표는 제가 활용한 설문조사 문항입니다.

이 문항을 적절히 수정 또는 추가하여 설문조사를 실시하면 됩니다. 실제 설문조

사 시간은 10분~15분 정도면 충분합니다.

---

**더욱 행복한 영어 수업시간을 위한 설문조사**

**Mr. Park 선생님과 Rosie 선생님의 영어 수업!!**

---

※ 한 학기 동안 영어 공부를 하면서 느꼈던 것, 원하는 것을 솔직하게 적어주세요.

※ 여러분의 영어 '배움 = Learning'에 도움이 되는 내용은 적극적으로 2학기 때 반영하

도록 하겠습니다.

※ 설문조사 결과는 2학기 영어 수업 시간에 이야기할 예정입니다.

1. 영어 수업 때 했던 활동들 중 '배움'에 도움이 되서 좋았던 활동들과 이유를 적어주

세요.

| 좋았던 활동 | 이유 |
| --- | --- |
|  |  |
|  |  |
|  |  |
|  |  |
|  |  |

2. 영어 수업 때 했던 활동들 중 '배움'에 별로 도움이 안 된다고 생각하는 활동들과 이

유를 적어주세요.

| 배움에 도움이 안 되는 활동 | 이유 |
|---|---|
|  |  |
|  |  |

3. 영어 수업에서 이런 부분은 고쳐졌으면 하는 점이 있으면 적어주세요.

| 고쳐졌으면 하는 점 |
|---|
|  |
|  |

4. 영어 원어민 선생님인 Rosie 선생님과는 1주일에 1번씩 수업시간에 만났습니다. 여러분들의 영어 경험을 많이 느끼기 위해 Rosie 선생님이 주가 되어서 영어 수업을 진행해주셨습니다. 영어 원어민 선생님과의 수업에 대한 여러분의 생각을 자유롭게 적어주세요.

|  |
|---|
|  |
|  |
|  |

5. 선생님은 1학기 동안 2가지 중점 활동을 통해 여러분들의 '배움'에 도움을 주고자 했

습니다. 첫 번째 활동은 'MoviEnglish = 영화로 배우는 영어' 활동이고, 두 번째 활동

은 'FaceTime = 친구들과 얼굴을 보고 영어로 말하기' 활동이었습니다. 두 가지 활동

에 대한 여러분의 생각을 적어주세요

| 'MoviEnglish = 영화로 배우는 영어' 활동에 대한 나의 생각 |
| --- |
|  |
|  |
|  |
|  |
|  |

| 'FaceTime = 친구들과 얼굴을 보고 영어로 말하기' 활동에 대한 나의 생각 |
| --- |
|  |
|  |
|  |
|  |
|  |

6. 앞으로의 영어시간에 어떤 태도로 어떻게 공부해야 할지 여러분의 결심과

　선생님께 부탁하고 싶은 점을 적어주세요.

설문조사가 끝나면 내용을 종합합니다. 특히 설문조사 결과에 대해서 학생들에게 이야기하고, 선생님이 '반영할 수 있는 것'과 '반영할 수 없는 것'에 대해서 이야기합니다. 이때 반영할 내용은 학생들의 반응이 좋았던 활동이나 '고쳐졌으면하는 점'에서 많이 나온 의견 중에 실제로 적용할 수 있는 내용입니다.

그리고 항상 딜레마적 상황에 대한 이야기를 해줍니다. 영어 수업이 너무 어렵다는 학생 또는 너무 쉽다는 학생, 영어 숙제가 너무 없다는 학생 또는 너무 많다는 학생 등이 있을 수 있습니다.

이렇게 설문조사를 통해서 학생들의 의견을 듣다 보면 선생님의 수업에 대한 피드백이 되면서 수업을 어떻게 발전시켜 나갈지에 대한 감이 충분히 올 수 있습니다. 의외로 학생들의 의견 중에서 선생님이 평소에 놓쳤던 부분이 있을 수도 있고, 선생님께서 부족하다고 생각했던 부분을 학생들은 좋게 평가해주는 경우도 볼 수 있습니다.

결정적으로 선생님이 수입시간에 변화를 주고 싶었던 부분에 대한 아이디어를 이 설문조사 결과를 통해 얻을 수 있습니다. 일상 규칙 중에 선생님의 의도와 는 다른 결과가 나타나서 바꾸고 싶은 것이 있다면 이 설문조사 결과를 통해서 학생들에게 이야기하고 바꾸면 됩니다. 일반 학급에서는 이런 규칙 등을 학급회 의 등의 자치 시간에 이야기할 시간이 있지만, 영어교과 전담교사에게는 그런 시 간이 절대적으로 부족합니다. 그렇기 때문에 설문조사 결과를 통해서 규칙 등을 수정해 나가면 학생도 공감하고 이해 및 납득할 수 있으며, 선생님은 학생의 배 움을 위한 방향으로 규칙을 만들어 갈 수 있습니다.

6. 앞으로의 영어시간에 어떤 태도로 어떻게 공부해야할지 여러분의 결심과 선생님께 부탁하고 싶은 점을 써주세요.

6. 앞으로의 영어시간에 어떤 태도로 어떻게 공부해야할지 여러분의 결심과 선생님께 부탁하고 싶은 점을 써주세요.

선생님!! 선생님은 항상 수업을 즐겁게 해주시고 목소리도 시원하고 귀에 듣기 쉽고 더 귀에 잘들어 와요!! 앞으로 열심히 하겠습니다

# 학생들이 좋아하는 「진진가」 활동

**<이런 상황에서 활용>**

초등학생들은 가짜의 상황을 만들어내고 그것을 맞히는 것을 정말 좋아합니다. 영어 표현을 학습하고 대화를 주고받을 때 정해진 표현을 주고받는 것보다 가짜를 맞히는 요소를 가미하면 학생의 흥미와 참여를 획기적으로 이끌어낼 수 있습니다.

**<어떻게 할까요?>**

「진진가」는 '진짜, 진짜, 가짜'의 약자로서 학생들의 경험이나 생각을 이야기할 때 진짜인 것 2개와 가짜인 것 1개를 섞어 적어서 말하고, 그것을 들은 학생은 무엇이 가짜인지 맞히는 활동입니다. 이때 가짜나 진짜의 개수를 달리하고 싶다면 '진진진가', 또는 '진가진가'처럼 변형하여 활동 가능합니다.

Name : (      )

1 _____

2 _____

3 _____


A : What did you do?

B : Read number 1, 2, 3.

A : Number (1, 2, 3) is a lie.

B : Yes, it's a lie. / No, it's a true.


| Examples | | Review | | |
|---|---|---|---|---|
| I ate __.     나는 __ 먹었다. | 만난 사람 | 가짜를 맞혔나요? | Review | |
| I went to     __. 나는 ___ 갔다. | 남 (      ) | O / X | Good/okay/help | |
| I met __.     나는 __ 만났다. | 여 (      ) | O / X | Good/okay/help | |
| I saw __.     나는 __ 봤다. | 남 (      ) | O / X | Good/okay/help | |
| ex) I ate chicken.<br>    I went to Jejudo.<br>    I met BTS.<br>    I saw Taxi Driver. | 여 (      ) | O / X | Good/okay/help | |
| | 남 (      ) | O / X | Good/okay/help | |
| | 여 (      ) | O / X | Good/okay/help | |


진진가로 학생들이 영어 '쓰기'나 '읽기', '말하기'를 하게 되면 훨씬 더 재미와

흥미를 가지고 발화할 수 있고, 듣는 학생도 가짜를 맞히기 위해서 더 열심히 듣

게 됩니다. 진진가 활동은 과거형뿐만 아니라 질문이 가능한 그 어떤 주제에서도
적용할 수 있습니다. 자기를 처음 소개하는 활동에서도 가능하고, 특히 방학 후 개
학하고 첫 영어 수업시간에 방학 동안 있었던 일에 대해서도 적용할 수 있습니다.

　　진진가 쓰고 발표하기 학습지는 가능하면 예시를 포함시켜서 만들면 좋습니
다. 학생들이 진진가 쓰기를 하면서 반 전체 학생 앞에서 한 명씩 발표하고 가짜
를 맞히는 활동을 해도 좋습니다. 일반 학급에서 20명이 넘는 학생이 한 반에 있
다면 전체 활동을 하기에는 시간이 부족하므로 학생 개개인이 돌아다니면서 다
른 학생을 만나서 서로 발표하고 가짜를 맞히는 활동을 진행하면 됩니다. 이때
만날 학생 수를 정해주는 미션을 주거나 시간 제한을 두고 만나는 활동을 하면
됩니다. 가장 많은 친구를 만난 학생을 뽑는다거나, 가짜를 모두 맞힌 학생을 찾
아보는 추후 활동을 진행해도 좋습니다.

　　진진가 쓰고 발표하기 활동을 진행하는 저의 일상 수업 영상 주소입니다.

　🐢 [https://blog.naver.com/bsgyo/221400894114]

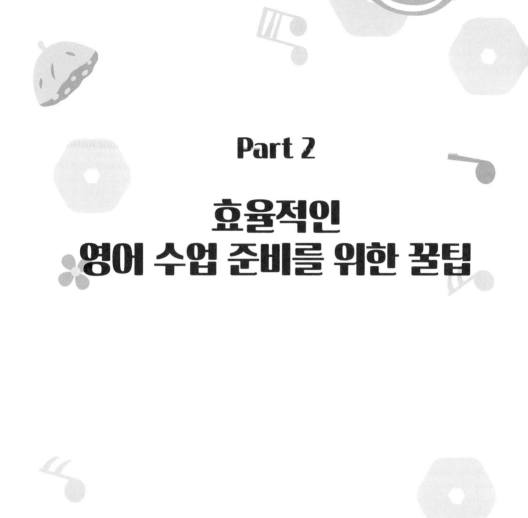

# Part 2

# 효율적인
# 영어 수업 준비를 위한 꿀팁

## 꿀팁 07

# 수업 중 학급 관리 방법

## - 전체 보상

### <이런 상황에서 활용>

일반적으로 초등학교 각 담임 선생님은 학생들과 함께 학급의 규칙을 설정하고, 그 규칙에 따라서 학급을 관리합니다. 영어 전담 선생님도 전체 보상 또는 개별 보상으로 각 학급을 관리할 수 있는 방법이 있습니다.

### <어떻게 할까요?>

학급 전체를 대상으로 하는 관리 방법으로 「선생님을 이겨라!」라는 활동을 할 수 있습니다. 먼저 칠판에 〈Teacher | Students〉라는 인쇄물 또는 판서를 합니다.

 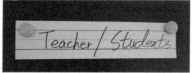

학생들에게

"5가지 규칙을 잘 지키면 여러분 점수가 올라갑니다!"

라고 말을 하고 Students 아래에 막대글 하나 그립니다.

그리고 학생들에게 이렇게 말을 합니다.

"여러분 점수가 올라갔으니 기분이 좋은가요?"

그렇다면 "Oh, yes!"라고 하면 됩니다. Students 아래에 막대를 몇 개 더 그려 가면서 "Oh, yes!"를 조금 더 연습해봅니다.

이제 Teacher 부분입니다.

"여러분이 5가지 규칙을 잘 지키지 않았을 때는 선생님의 점수가 올라갑니다."

라고 말을 하고 Teacher 아래에 막대를 하나 그립니다.

그리고 학생들에게 이렇게 말을 합니다.

"선생님 점수가 올라가니 기분이 안 좋은가요?"

그렇다면 "Oh, no!"라고 하면 됩니다. Teacher 아래에 막대를 몇 개 더 그려 가면서 "Oh, no!"를 조금 더 연습해봅니다.

"여러분이 규칙을 잘 지키고 활동을 잘해서, 매 시간 수업이 끝날 때 점수가 더 높으면 작은 상을 줄 것이고, 선생님 점수가 더 높으면 작은 벌을 줄 것입니다. 작은 상은 1분의 자유시간이고, 작은 벌은 1분의 명상시간입니다. 수업을 1분 정도 일찍 끝내서 여러분이 이기면 1분 동안 여기 영어교실 안에서 자유로운 시간을 갖습니다. 만약 선생님이 이긴다면, 1분 벌 시간으로 모든 학생이 자리에 앉아서 눈을 감고 1분간 명상을 하다가 갑니다."

이 대결은 매 수업 시간마다 새롭게 시작합니다.

사실 영어교실에서 보상과 벌을 구상하는 것은 상당히 고민거리입니다. 학생들에게 개별 보상을 할 경우 다양한 문제점이 나타나기 때문에 저는 이렇게 전체 보상과 벌을 '선생님을 이겨라!'라는 미션처럼 실행했습니다. 학생들도 선생님을 이긴다는 콘셉트를 상당히 좋아했습니다. 그러다 보니 실제로는 1분 자유시간을 훨씬 많이 주었습니다. 1분이라는 시간이 사실은 수업 끝나고 마무리, 정리 정돈, 줄서고 하다 보면 결국 많은 시간은 아니지만 작은 선물과 같습니다. 때로는 2분 자유시간, 3분 자유시간을 주기도 했습니다.

간혹 학생들이 너무 산만하거나 주의 집중이 잘 안 된다 싶을 때는 'Beat the teacher! 선생님을 이겨라' 점수판이 큰 도움이 되었습니다. 수업 진행이 원활하게 잘될 때에는 점수판에 굳이 자주 점수를 올리지는 않았습니다. 점수판을 활용하는 것 자체는 영어라는 배움 목적이 아니라, 학생들의 수업 집중을 위한 도구에 불과한 것이기 때문입니다.

<활용 Tip>

**1. 점수 격차를 너무 크게 하면 학생들이 쉽게 포기하거나 자만하게 됩니다.**

2. 맨 처음 설명한 날은 꼭 1분 자유시간을 주고, 두 번째나 세 번째 수업시간에는 꼭 1분 벌 시간을 체험할 수 있도록 유도합니다. 1분 벌 시간을 경험해 보아야 1분 자유시간의 소중함을 깨닫습니다.

3. 매 수업에서 학생들이 얻은 점수를 합산하여 또 다른 보상제도를 만들어도 좋습니다.

## – 개인 보상

**<이런 상황에서 활용>**

개인 보상제도를 꼭 하고 싶다면 이런 방법도 있어요. 칭찬 스티커나 칭찬 도장 대신 잘한 학생에게 「행운권」을 나눠줍니다. 행운권을 받은 학생은 자신의 이름을 적어서 추첨함에 넣고, 특정 시기나 상황에 따라 행운권 추첨을 하면 됩니다.

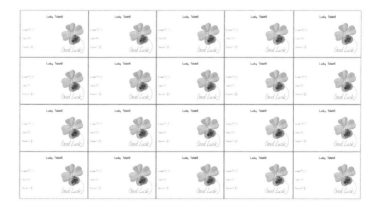

## <어떻게 할까요?>

'칭찬 스티커'나 '칭찬 도장' 등의 시스템을 영어교과 전담교사가 할 경우 매 시간 개인별 스티커나 도장을 점검해야 해서 번거로울 수 있습니다. 그런 단점을 아주 간단하게 해결하는 방법이 행운권 추첨 제도입니다. 선생님은 미리 제작해 둔 행운권을 수업 중에 개별 학생이 잘했을 때 1장씩 줍니다. 수업이 진행되는 중간에는 행운권을 받으면 받는 만큼 가지고 있습니다. 해당 차시 수업이 다 끝나면, 행운권을 받은 학생은 '학년, 반, 이름'을 적어서 행운권 추첨함에 넣습니다. 행운권 추첨함은 각 반별로 다르게 해야 합니다. 행운권 추첨함은 다 쓴 '갑 티슈'를 아래와 같이 활용하면 됩니다.

추첨 방법은 매 시간 시작할 때 추첨, 한 단원 끝날 때 추첨, 한 달에 한 번 추첨, 한 학기에 한 번 추첨 등 다양한 시기에 할 수 있습니다. 상품은 선생님이 재량껏 준비하고, 준비한 상품만큼만 추첨하면 되며, 운에 의한 상품 지급이기 때문에 큰 문제가 안 생기는 방법입니다. 행운권을 많이 받은 학생도, 적게 받은 학생도 모두에게 기회가 올 수 있기 때문에 학생의 만족도가 상당히 높은 방법입니다.

\<활용 Tip\>

1. 행운권을 받은 학생이 다른 친구의 이름을 적어서 내는 것도 허용해주면 좋아요.

2. 수업 시간 이외에도 교육과 관련 있는 활동에도 사용할 수 있어요.

3. 개인적으로 '개인 보상제도'를 적극적으로 추천하지는 않습니다. 개인 보상이 결국은 사탕류 등의 간식이 되기 쉽고, 물질적인 보상은 학생들에게 교육적으로 큰 효과가 있지 않기 때문입니다. 하지만 학생들을 지도하다 보면 이론은 이론이고, 실세로 무기력한 학생이 너무 많아서 이런 보상조차 하지 않으면 수업 진행이 어려운 경우도 있습니다. 그렇기 때문에 이런 개인 보상을 사용할 수밖에 없는 현실을 인정할 수밖에 없습니다. 칭찬 도장이나 칭찬 스티커를 몇 개 이상 모았을 때 개인 보상을 하면, 학생 간에 위화감이 조성되기 쉽고, 친구들과 배려와 협동보다는 경쟁과 다툼이 발생하는 경우가 많습니다. 그래서 더 열심히 적극적으로 활동하는 학생에게 경품에 당첨될 확률을 높여주는 방식으로 개인 보상을 하면 소극적인 학생도 아주 낮은 확률이라도 기회가 생기기 때문에, 또 운에 의한 보상까지도 적용되어서 그나마 공평한 보상제도가 됩니다.

◆ 혹시 행운권을 일일이 자르기가 힘들다면?

행운권 제도를 하고 싶은데, 개별 행운권을 일일이 인쇄해서 자르는 것도 어떻게 보면 참 귀찮은 일이 될 수 있습니다. 그럴 때 약간의 돈을 투자한다면 밍크지 등의 종이를 재단해주는 곳을 인터넷에서 쉽게 찾을 수 있습니다. 가로×세로 약 3cm 정도로 재단해달라고 하면 똑같은 크기로 재단을 해줍니다. 앞의 사진은 밍크지를 가로×세로 2cm로 재단한 예입니다. 학생들은 빈 종이에 '학년, 반, 이름'을 적으면 됩니다. 약 1~2만 원 정도 투자한다면 이런 간단한 행운권 종이 몇 천 장을 손쉽게 재단해서 받을 수 있습니다.

# 수업 준비 참고
# 사이트와 검색 방법

<이런 상황에서 활용>

영어 수업 준비를 할 때 보통 인터넷을 찾습니다. 검색을 하다 보면 너무 많은 교육용 사이트가 나옵니다. 어떤 사이트가 나에게 필요한지 찾기부터도 어렵습니다. 여러 교육 사이트 중에서 꼭 한번 검색해 볼만한 곳과 검색 방법에 대해 알려드립니다.

<어떻게 할까요?>

인터넷에는 각종 수업 자료를 찾고 내려받을 수 있는 곳이 많지만 방대한 자료 때문에 쉽게 검색조차 어렵고, 우연히 찾은 좋은 곳도 유료인 곳이 많습니다. 제가 소개하는 2곳의 추천 사이트는 모두 유료이지만, 다른 곳보다 자료의 수준이 높은 편입니다.

- 한국에 온 영어 원어민 선생님들의 집합소 Waygook

http://www.waygook.org/index.php

한국에 온 대부분의 영어 원어민 선생님이 알고 있는 사이트라고 생각해도 됩니다. 굳이 한국인 선생님께서 가르쳐주지 않아도 이미 알고 있는 경우가 많습니다. 기존에는 무료로 운영되었으나 서버 관리 등의 이유로 지금은 유료화 되었습니다. 한 달에 5달러 또는 1년에 20달러를 지불해야 관련 자료를 다운로드 받을 수 있습니다. 이 사이트에는 교과서 단원에 맞춰진 자료가 있어서 해당 교과서 단원과 관련 있는 자료를 손쉽게 찾을 수 있다는 장점이 있습니다.

- 미국의 선생님들은 대부분 알고 있는 Teachers Pay Teachers

https://www.teacherspayteachers.com

실제로 미국의 현직 선생님이 자신의 수업 자료를 업로드하여 공유하는 곳입니다. 자료를 올린 선생님이 가격을 책정하고, 해당 자료가 필요할 경우 돈을 지불하고 다운받는 방식입니다. 돈은 미리 5달러, 10달러, 15달러 등 충전해서 자료를 받을 때마다 차감하는 방식입니다. 미국 초등학교, 중학교, 고등학교의 영어 수업 자료를 받을 수 있으며, 주제별 수업에 대한 자료도 방대하게 있습니다. 유료이다 보니 자료의 수준이 상당히 높습니다. 물론 Free 코너에 가면 무료로 공유하는 자료도 확인하고 다운로드 할 수 있습니다.

[출처 : Waygook.org 메인화면]

[출처 : teacherspayteachers.com 메인화면]

• 동기유발 영상 찾을 때는 Youtube

http://www.youtube.com

많은 선생님께서 영상 자료를 찾아볼 때 한번쯤은 검색하는 곳이 유튜브일 것입니다. 전 세계 사용자들이 올린 영상을 검색할 수 있습니다. 저는 주로 단원의 핵심 표현을 입력해 보면서 검색합니다. 만약 <I'm a pilot.> 직업에 관한 단원이라면, <What's your job?>과 같은 표현을 검색합니다. 조금 오래되긴 했지만 real English처럼 실제로 길에서 만난 사람에게 단원의 표현과 비슷하거나 정확히 똑같은 문장을 묻는 영상도 찾을 수 있습니다.

• 영어로 잘 검색하면 좋은 자료를 찾을 수 있는 Google

http://www.google.com

구글을 잘 활용하면 의외로 좋은 자료 또는 내용을 구할 수 있습니다. 검색할 때 관련 주제를 쓰고 뒤에 activity, material, worksheet, game, lesson plan, esl, teacher 등의 단어를 함께 쓰면 관련 내용을 조금 더 찾기가 수월해집니다. 예를 들어, 'What time is it?'이라는 시간과 관련 있는 주제일 때 'What time is it? lesson plan'으로 검색해 봅니다. 그러면 해당 주제와 관련 있는 수업 계획이라든지 수업 자료 등을 쉽게 얻을 수 있습니다. 검색 결과나 웹사이트의 형태가 국내와는 좀 많이 다르기 때문에 몇 번 반복적으로 확인하다 보면 나름의 방법을 찾을 수 있습니다.

• 영어 수업 관련 추천 사이트 1

http://www.nounplus.net

온라인 영어 문법 및 철자 교정 사이트입니다. Lesson Plan을 쓸 때, 나의 영어 표현이 적절한가를 판가름할 때 가볍게 확인해 볼만한 사이트입니다. 물론 완벽하진 않지만 기본적인 문법 및 단어 점검이 가능합니다. 특히 학생의 영작 결과물을 확인할 때 활용하면 좋습니다.

• 영어 수업 관련 추천 사이트 2

https://wordart.com

글씨가 모여서 특정 이미지가 나타나게 해주는 사이트입니다. 입력한 영어 단어나 문장은 그림처럼 보이게 만들어주는 곳으로 학생들의 활동 중에서 단어나 문장 찾기를 할 때 이용하면 적용 가능합니다.

• 영어 수업 관련 추천 사이트 3

http://www.writingwizard.longcountdown.com

단어나 문장 쓰기용 워크시트를 만들어주는 사이트입니다. 특히 영어 4선에 맞춰서 읽고 따라 쓸 수 있는 학습지를 제작해주어 사용하기 좋습니다. 단어나 문장뿐만 아니라 알파벳 쓰기 등 선생님의 필요에 따라서 다양한 쓰기 워크시트를 만들 수 있습니다.

• 영어 수업 관련 추천 사이트 4

http://puzzlemaker.discoveryeducation.com

퍼즐메이커로 단어 찾기, 가로세로 단어, 미로 찾기 등 단어를 입력하면 퍼즐을 만들어주는 사이트입니다. 단원 주제와 관련 있는 단어를 입력하여 아주 손쉽게 학습지를 제작할 수 있습니다. 학생들이 가장 좋아하는 Word Search와 Criss-Cross입니다.

- 영어 수업 관련 추천 사이트 5

https://www.online-stopwatch.com

칠판용 자석 타이머가 있으면 좋겠지만, 상황이 여의치 않을 때 인터넷에서 바로 실행되는 스탑워치 또는 타이머 사이트입니다. TV 화면에 시간의 흐름을 학생들에게 보여줄 수 있습니다. 시간을 정해두는 활동에서 타이머가 필요할 때 간단하게 쓰기 좋습니다.

# 수업 준비의 시작은
# 학생명렬표, 자리배치표, 수업계획표

**<이런 상황에서 활용>**

수업 준비를 본격적으로 시작하기 전에 먼저 준비해야 할 것이 있습니다. 그건 바로 학생명렬표, 자리배치표, 그리고 수업계획표를 제작해야 합니다.

**<어떻게 할까요?>**

영어교과 전담 선생님은 새학년 새학기가 시작되면 하루나 이틀 정도의 여유시간이 있습니다. 첫날은 담임 선생님과의 시간이기 때문입니다. 그럴 때 담임 선생님께 협조를 구하여 학생명렬표를 미리 파일로 받는 것이 좋습니다. 내가 가르칠 학생의 명단이 있어야 자리배치표도 구상하고, 수업계획표에도 학생 명단을 구성할 수 있습니다. 담임 선생님께 학생명렬표를 받았으면 학생명렬표를 아래와 같은 형태로 제작합니다. 번호, 이름, 성별은 학생 자리 배치나 각종 서류작업을 할 때 자주 쓰입니다. 또 옆에 칸을 만들어 둔 이유는 학생이 제출해야 할 것이 있거나 각종 평가 결과 등 개별로 기록해 두어야 할 내용이 있을 때 유용하게 쓰입니다.

## 학급명렬표

5학년 1반 박기오 선생님

| 번호 | 이름 | 성별 | | | | | | | |
|---|---|---|---|---|---|---|---|---|---|
| 1 | | 여 | | | | | | | |
| 2 | | 여 | | | | | | | |
| 3 | | 남 | | | | | | | |
| 4 | | 여 | | | | | | | |
| 5 | | 남 | | | | | | | |
| 6 | | 남 | | | | | | | |
| 7 | | 여 | | | | | | | |
| 8 | | 남 | | | | | | | |
| 9 | | 남 | | | | | | | |
| 10 | | 남 | | | | | | | |
| 11 | | 남 | | | | | | | |
| 12 | | 남 | | | | | | | |
| 13 | | 여 | | | | | | | |
| 14 | | 여 | | | | | | | |
| 15 | | 남 | | | | | | | |
| 16 | | 남 | | | | | | | |
| 17 | | 남 | | | | | | | |
| 18 | | 여 | | | | | | | |
| 19 | | 여 | | | | | | | |
| 20 | | 남 | | | | | | | |
| 21 | | 여 | | | | | | | |
| 22 | | 남 | | | | | | | |
| | | | | | | | | | |
| | | | | | | | | | |
| | | | | | | | | | |

학생명렬표가 있다면 자리배치표를 제작합니다. 학급명렬표나 자리배치표에는 담임 선생님 이름을 써두어야 혹시 급하게 찾을 일이 생겼을 때 혼동하지 않을 수 있습니다. 만약 영어체험실과 같은 명칭의 특별실을 배정받았다면 자리배치표가 꼭 필요하고, 영어 선생님께서 이동하여 각 학급으로 들어갈 경우에는 학급의 자리배치를 그대로 활용해도 됩니다. 학급의 자리배치를 그대로 활용할 경우, 담임 선생님께 자리배치표도 받아두어야 하며, 특히 자리가 바뀔 때 바뀐 자리를 알려달라고 협조를 구합니다. 자리배치표를 제작하는 이유는 영어 수업 첫 시간에 학생들이 우왕좌왕하지 않고 모든 학생이 자리에 제대로 앉기 위해서입니다. 선생님께서 이런 자리배치표를 제작하여 화면에 띄워놓으면 전체 학생이 자신의 자리를 찾아서 앉는 데 채 1분이 걸리지 않습니다.

| 5학년 1반  박기오 선생님 | | | | | |
|---|---|---|---|---|---|
| TV | | 칠판 | | 컴퓨터책상 | |
| 1 | 2 | 9 | 10 | 17 | 18 |
| 3 | 4 | 11 | 12 | 19 | 20 |
| | | | | | |
| 5 | 6 | 13 | 14 | 21 | 22 |
| 7 | 8 | 15 | 16 | 23 | |
| | | | | | |

자리배치표를 미리 만드는 것은 여러 가지 의미를 가지고 있습니다. 단순히 첫 만남 때 학생들이 우왕좌왕하지 않고 자리에 앉게 하는 것도 있지만, 은연중에 학생들에게 군이 앞으로 자리배치에 대해서 설명하지 않아도 됨을 전달할 수 있습니다. 처음부터 이렇게 선생님이 주도하여 자리배치를 구성해야 추후에 자

리배치를 바꾸더라도 선생님이 주도권을 가지고 바꿀 수 있습니다. 자리배치는 학생들에게도 굉장히 민감한 부분입니다. 항상 여러 학생이 자리배치에 대한 불만이나 이의제기 또는 자리 교체 시기에 대해서 여러 의견을 제시합니다. 하지만 저의 결론은 선생님께서 어떤 자리배치를 하더라도 학생 전체가 만족하는 자리배치가 나올 수 없다는 점입니다. 그렇기 때문에 자리배치를 어떻게 할지에 대한 내용으로 소중한 시간을 허비하지 않을 수 있습니다.

이렇게 맨 처음 선생님 재량에 의해 자리배치를 하게 되면, 다음에도 큰 불만 없이 배치를 진행할 수 있다는 장점이 있습니다. 자리배치를 하는 방식은 선생님의 교육관에 따라 하면 됩니다. 하지만 자리배치할 때 고려할 점은 이성 짝도 좋지만, 학생들의 더 적극적인 발화는 동성 짝꿍일 때 더 많이 발생한다는 점입니다. 또 수준 차이가 많이 나는 짝꿍보다는 수준이 비슷한 짝꿍일 때 상호 협력이 잘 일어날 수 있다는 점을 인식해야 합니다. 맨 처음 자리배치를 할 때 그 수준까지 고려할 수 없지만 성별에 의한 자리배치를 하는 것이 적당합니다.

수업계획표(또는 성찰일지)는 하나의 수업을 준비함에 있어 스스로 어떻게 수업을 진행할지에 대해서 정말 수업을 하기 위해 필요한 내용을 적습니다. 또 여러 반을 관리해야 하기 때문에 각 반별 특기사항이나 학생명렬표 또한 이 수업계획표에 포함시킵니다. 수업계획표는 처음에는 A4 낱장으로 인쇄해서 사용하다가 1주일 정도 수업 후에 한 학기 정도의 양을 제본하는 것이 좋습니다. 처음부터 제본을 해서 준비할 경우 학기 초에 학생의 전입 전출로 인한 인원 변동이 생기면 학생 명단이 안 맞는 경우가 생기기 때문입니다. 제본의 경우 내용물을 인쇄해서 주변 복사집에 가면 3~6천 원 정도면 스프링 제본을 할 수 있습니다. 제가 사용한 수업계획표의 양식은 아래의 그림과 같습니다.

| 단원 | | 차시 | | BIG picture |
|---|---|---|---|---|
| 목표 | | | | |
| 교수<br>학습<br>활동 | 1 | | | |
| | 2 | | | |
| | 3 | | | |
| | 4 | | | |

| IDEA | Key Expressions 핵심표현 & Words 단어 |
|---|---|
| | |
| | |

| | |
|---|---|
| | |
| | |

| 자료 Material | 수업 계획, 활동 Learning Episodes | 평가/유의 Assessment |
|---|---|---|
| | | |
| | | |
| | | |
| | | |

| 수업<br>성찰 | |
|---|---|
| | |
| | |
| | |

| 특이사항 | 5-1 | 5-2 | 5-3 | 5-4 |
|---|---|---|---|---|
| | | | | |

| 5-1 | | | | 5-2 | | |
|---|---|---|---|---|---|---|
| 1 | | 13 | | 1 | | 13 |
| 2 | | 14 | | 2 | | 14 |
| 3 | | 15 | | 3 | | 15 |
| 4 | | 16 | | 4 | | 16 |
| 5 | | 17 | | 5 | | 17 |
| 6 | | 18 | | 6 | | 18 |
| 7 | | 19 | | 7 | | 19 |
| 8 | | 20 | | 8 | | 20 |
| 9 | | 21 | | 9 | | 21 |
| 10 | | 22 | | 10 | | 22 |
| 11 | | 23 | | 11 | | 23 |
| 12 | | 24 | | 12 | | 24 |

| 5-3 | | | | 5-4 | | |
|---|---|---|---|---|---|---|
| 1 | | 13 | | 1 | | 13 |
| 2 | | 14 | | 2 | | 14 |
| 3 | | 15 | | 3 | | 15 |
| 4 | | 16 | | 4 | | 16 |
| 5 | | 17 | | 5 | | 17 |
| 6 | | 18 | | 6 | | 18 |
| 7 | | 19 | | 7 | | 19 |
| 8 | | 20 | | 8 | | 20 |
| 9 | | 21 | | 9 | | 21 |
| 10 | | 22 | | 10 | | 22 |
| 11 | | 23 | | 11 | | 23 |
| 12 | | 24 | | 12 | | 24 |

## 꿀팁 10

# 학습 준비물 또는
# 교사용 자료 추천 아이템

**<이런 상황에서 활용>**

수업 준비할 때 시중에 어떤 아이템이 있는 줄 몰라서 못 사는 것이 참 많습니다. 조금만 돈을 투자하면 훨씬 더 유익하고 풍성한 영어 수업을 진행할 수 있고, 선생님의 노력과 시간을 절약할 수 있는 물건도 많습니다. 제가 직접 사용해본 자료 중에서 실제로 도움이 되었던 물건 몇 가지를 추천합니다.

**<어떻게 할까요?>**

### 1. Sentence Stripes

판서 내용, 주요 단어, 주요 문장 등을 미리 써서 칠판에 자석을 이용해서 손쉽게 붙이거나 벽 등에 부착 가능합니다. 판서 시간

을 단축할 수 있다는 장점이 있습니다. 또 여러 번 반복하여 재사용이 가능합니다. 특히 단원명이나 단원의 주요 핵심 표현을 미리 적어두면 반복적으로 활용할 때 좋습니다.

### 2. LER 3237 자석이 있는 영문 쓰기 자석판

판 자체에 자석 기능이 있어서 자석칠판에 붙여 놓고 '화이트보드'처럼 쓸 수 있습니다. 이 자석판이 좋은 이유는 영어 4선 공책처럼 선이 있다는 점입니다. 특히 3~4학년처럼 알파벳을 처음 접하고 정확한 쓰기를 학습해야 하는 학생들에게 선생님이 칠판에 매번 선을 그으면서 쓰지 않아도 되기 때문에 상당히 유용합니다.

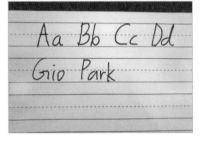

### 3. 휴대용 재단기

A4 용지 크기의 학습지가 너무 커서 '2쪽 모아 찍기' 하여 학생들에게 학습지를 활용할 때, 가위보다는 좀 더 빠르고 정교하게 학습지를 자를 수 있습니다. 물론 작두형 큰 재단기가 있으면 더 빠르고 편리하지만 자리에 앉은 채로 학습지를 제작하고 싶을 때 간

편하게 활용할 수 있습니다. 휴대용 재단기를 사용하지 않는 다른 방법으로는 학습지를 인쇄할 때 처음부터 B5 정도 크기의 용지로 인쇄하는 방법도 있습니다.

### 4. B5 용지

위에서 언급한 것처럼 A4 용지에 의한 학습지 사이즈가 너무 크면 처음부터 B5 용지로 인쇄하는 것도 좋은 방법입니다. 학습지 파일이 A4 사이즈로 제작되어 있더라도 인쇄할 때 설정에서 B5 용지를 선택하여 크기를 B5에 맞춰서 할 수 있습니다.

### 5. 선생님 차트 또는 자석 포켓 차트(LER 2384)

영어교과 전담교사로서 학급을 이동하면서 수업을 진행한다면, 자석이 있는 이런 차트가 있으면 굳이 모든 학습 자료에 자석을 부착하지 않아도 되는 장점이 있습니다. 저는 이런 차트에 영어 교실 규칙을 항상 학생들에게 보일 수 있게 끼워 넣어서 활용하였습니다.

### 6. 쏙쏙 내가 만드는 단어카드(리필용 500장)

암기박스 없이 리필용으로 활용하면 됩니다. '쏙쏙 내가 만드는 단어카드'는 백색, 그린, 블루, 핑크, 노랑 5가지 색상이 있습니다. 5색을 종합한 묶음을 사도 되고, 각각의 색 중 원하는 것을 구입해도 됩니다. 이 단어카드는 아래에 쓸 27칸 라벨지(V3350)와 함께 활용하여 학생 개인 또는 그룹별로 나눠줄 카드를 만들 때 유용합니다. 학생들이 카드에 영어 표현을 쓴다거나 답을 쓴다거나 Exit ticket 활동을 한다거나 등등 어떤 활동을 할 때 크기가 학생 손바닥만 하여 활동에 활용할만한 카드로 유용합니다. 특히 학생들이 직접 단어카드에 단어나 문장을 써서 카드 게임할 때 활용할 수도 있습니다.

## 7. V3350 27칸 라벨지

라벨지는 종류가 엄청 많습니다. 'V3350 27칸 라벨지'는 학급당 학생 수에도 적당하고, 위에 언급한 쏙쏙 카드에도 크기가 딱 적당한 사이즈의 라벨지입니다. 선생님이 일일이 인쇄해서 가위로 자르고 풀로 붙이는 번거로움 없이 라벨지에 인쇄하여 손쉽게 뜯어서 붙일 수 있습니다. 또는 학생들이 뜯어서 붙이는 활동에도 활용할 수 있습니다.

### 8. 핸드형 손잡이 보드 또는 미니보드

학생들이 개인별 또는 그룹별로 '골든벨' 형태의 문제를 맞힐 때, 여러 활동을 수행할 때 답이나 의견, 생각 등을 적는 도구로 좋습니다. 좀 더 큰 화이트보드도 좋으나, 휴대가 어렵고 무겁다는 단점이 있습니다. 학생들이 글씨를 쓸 때는 보드마카를 활용하면 되고, 지우는 것은 굳이 전용 지우개가 아니더라도 검정천이나 휴지 또는 물티슈 등으로 지울 수 있습니다.

### 9. 미니 스펀지 주사위

짝 활동 또는 그룹 활동을 할 때, 보드게임을 할 때는 주사위가 꼭 필요합니다. 그냥 일반 주사위는 딱딱해서 시끄러운 점도 있고, 바닥에 쉽게 떨어진다는 단점이 있습니다. 스펀지 주사위는 좀 더 조용하고 부드러운 장점이 있습니다.

### 10. 알파벳 타일

알파벳 타일에도 종류가 많습니다. 뒤에 자석이 붙어 있는 Magnetic Alphabet Tile이 있고, Appletters라는 타일도 있습니다. 그리고 바나나그램스도 있습니다. 기능은 비슷하지만 모양이나 색깔이 조금씩 다르고, 대문자 소문자가 구별되기도 합니다. 이런 알파벳 타일은 단어 또는 문장 만들기 활동으로 사용 가능합니다. 또한, 보드 게임 등에서 말처럼 활용이 가능하고, 토큰 등으로 사용하는 다양한 용도를 가진 물건입니다. 자석이 있으면 칠판 또는 미니칠판 등에 붙이면서 활동할 수 있는 장점이 있습니다.

### 11. 스티커 고무자석(A4 사이즈) 또는 자석테이프

스티커 고무자석은 코팅되어 있는 자료를 칠판에 부착할 때 도움이 된다는 장점이 있습니다. 흔히 원형자석을 사용하지만 그럴 경우 앞쪽 내용을 원형자석이 가린다는 점과 하나의 자료를 붙일 때마다 원형자석을 일일이 추가로 이동해야 하는 번거로움이 있습니다. 미리 코팅되어 있는 자료 뒤에 붙여서 활용하면 효율적입니다. 다만, 자석의 자성이 약하기 때문에 잘 붙는지 확인이 필요합니다. 비슷한 용도로 자석테이프도 있습니다. 테이프처럼 자석을 필요한 길이만큼 잘라서 쓸 수 있습니다. 자석테이프는

길이를 조절할 수 있고, 자른 만큼 바로 붙여서 활용할 수 있는 장점이 있습니다.

### 12. A4 파일 속지

학생용 활동지나 학습지 등을 제작한 후에 재사용을 하고 싶지만 코팅까지 하기엔 애매한 상황에서 아주 유용합니다. 특히 재사용 횟수가 적을 경우 빠르게

속지에 끼우면 같은 내용의 학습지나 활동지를 여러 번 출력할 필요 없이 재사용할 수 있습니다.

## 13 재접착풀

재접착풀을 종이에 바를 경우 포스트잇처럼 붙였다 떼었다 할 수 있게 됩니다. 학생들의 작품을 잠깐 붙이고 뗀다거나 활동 자체가 종이를 붙였다가 떼었다 하는 기능이 필요할 때 활용할 수 있습니다.

## 14. 미스터리 박스 또는 주머니

학생들에게 동기유발 등으로 어떤 물체를 보여줄 때 극적인 상황을 연출하면 더욱 효과적입니다. 간혹 경품 추첨 또는 임의의 번호뽑기 등도 이 도구를 이용하면 좋습니다.

### 15. 손가락 지시봉

손가락 지시봉은 칠판 판서나 화면의 내
용을 가리킬 때 사용하면 좀 더 효과적인 수
업 도구가 됩니다. 특히, 선생님보다도 학생
들이 발표할 때 활용을 하면 더욱 효과적입니다.


### 16. 자석 기능이 있는 큰 타이머

이 타이머는 칠판에 부착하여 스탑워치 및 타이머 두 가지의 기능을 다 할 수
있습니다. 화면이 일반적인 타이머보다 크기 때문에 학생들이 눈으로 확인 가능
합니다. 타이머의 시간이 다 되면 알람이 울려서 시간을 정해놓고 하는 활동할
때 유용합니다.

### 17. 스펀지 공, 커졌다 작아졌다 매직공

패스더볼 활동이나 공을 주고받으면서 질문 주고받기 등의 활동할 때 유용합
니다. 일반적인 '스펀지 공'도 있고, 조금 더 색다르게 진행하고 싶을 때는 '커졌다
작아졌다 매직공'도 있습니다.

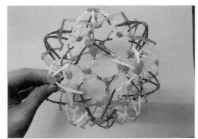

## 18. Cash Pax 또는 1달러 지폐 묶음

Cash Pax라는 미국 달러 모형 지폐 및 동전 묶음이 있습니다. 영어 수업시간에 달러에 대한 내용이 나올 때 쓸 수 있습니다. 만약 이 중에서 특정 지폐만 필요하다면, 더 찾아보면 특정 지폐 묶음만을 팔기도 합니다. 1달러 지폐 묶음(100장)을 사두면 시장 놀이를 할 때 조금 더 실감나는 영어 체험활동을 할 수 있습니다.

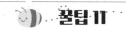

# 학습 준비물 구입 시
# 참고할 만한 사이트

&lt;이런 상황에서 활용&gt;

영어 수업을 위한 학습 준비물이나 교사용 자료는 정말 무궁무진합니다. 간혹 정말 좋은 물건이 있지만, 어떤 것이 있는 줄도 몰라서 못 쓰는 경우도 많습니다. 영어 수업과 연결되는 상품을 파는 몇몇 쇼핑몰을 소개합니다.

&lt;어떻게 할까요?&gt;

### 1. 러닝리소스 도매몰 ✋ http://www.ksdome.com

러닝리소스사는 영미권에서 잘 알려져 있고 선생님이 많이 사용하는 물건을 팔고 있습니다. 이곳은 러닝리소스사의 상품을 수입·판매하

[출처 : 러닝리소스도매몰 영어교구 메인화면]

는 곳으로, 주로 LER이라고 쓰여 있고 뒤에 상품 코드 숫자가 적혀 있습니다. 영어 관련 교구뿐만 아니라 다양한 교과 및 주제별 교구가 있습니다.

## 2. 아이스크림몰 http://www.i-screammall.co.kr

초등 디지털 교수학습 사이트로 잘 알려진 아이스크림에서 만든 쇼핑몰입니다. 영어 학습을 위한 사뇨뿐만 아니라 학급 운영에 관한 물건이 다양하게 있습니다. 특히, 현직 선생님이 수업시간 또는 학급을 위해서 만든 물건이 많습니다. 현직 선생님이 만든 물건을 보면 정말 딱 필

[출처 : 아이스크림몰 메인화면]

요한 것을 발견하기도 합니다. 또한 보드게임이나 영어 원서도 판매하기 때문에 참고하면 좋습니다.

## 3. 티처몰 http://shop.teacherville.co.kr

교사를 위한 원격연수원에서 만든 쇼핑몰입니다. 아이스크림몰과 더불어 선생님을 위한 쇼핑몰이라는 생각이 들 정도로 선생님에게 필요한 상품을 주제별로 찾을 수 있습니다. 보드게임과 영어 원서 도서가 있어서 참고하기 좋습니다.

[출처 : 티처몰 메인화면]

# 영어교과 관련 연수 수강 가능한 원격연수원

## <이런 상황에서 활용>

초등학교에서 영어교과 전담 또는 영어 수업을 맡게 되면, 연수를 통해 자기발전과 학생들에게 더 나은 수업을 해주고 싶은 경우가 많습니다. 하지만 직무연수 시간으로도 인정 가능한 원격연수원이 많지 않아서 선택의 폭이 좁은 편입니다. 이때 활용 가능한 영어교과 관련 원격연수원을 소개합니다.

## <어떻게 할까요?>

선생님들이 주로 직무연수를 찾을 수밖에 없는 이유는, 교육공무원법(제38조)에 따라 직무수행에 필요한 능력을 배양하기 위해서 교과교육, 생활지도, 정보화, 교양, 취미 등 다양한 분야에 대한 직무연수를 진행해야 하기 때문일 것입니다. 직무연수 이수시간은 15시간당 1학점으로 환산되어 NEIS(교육행정정보시스템)에 등록됩니다. 또한 이런 직무연수 이수 실적은 교원의 승진 및 평가에 반영

됩니다. 학교에서도 1년 중 얼마나 많은 직무연수를 이수했는지가 개인의 실적처럼 되는 경우가 있기 때문에, 학원 수강보다는 이런 직무연수를 인정해주는 기관을 찾게 됩니다. 그중 원격으로 수강 가능한 영어교과 관련 직무연수 사이트를 소개합니다.

### 1. YBM 원격교육연수원(http://www.ybmteachers.com)

토익으로 잘 알려진 YBM 계열이 원격교육연수원입니다. 원격교육연수원 중에서 가장 많은 영어교과 지도 관련 강좌가 있습니다. 또한 영어교과 시도뿐만 아니라 선생님의 영어 어학 능력 향상을 위한 강좌도 있고, 전화 영어를 연계한 강좌도 있습니다.

### 2. EBS 원격교육연수원(http://www.ettc.co.kr)

EBS에서 운영하고 있는 원격교육연수원입니다. YBM 원격교육연수원보다는 강좌 수는 적지만, 영어교과 지도 및 어학 관련해서 알찬 강좌가 있습니다.

### 3. 티처빌 연수원(http://www.teacherville.co.kr)

여러 선생님이 수강하고 강력 추천하는 강좌가 많은 곳입니다. 다만, 영어교과 지도에 대한 강좌는 조금 부족한 편이지만 학급 경영, 인문, 교양, 자격증 등의 강좌가 우수합니다.

### 4. 아이스크림 연수원(http://teacher.i-scream.co.kr)

여러 선생님이 듣고 추천하는 강좌가 많습니다. 다만, 영어교과 지도나 어학 강좌 수는 조금 적은 편이지만, 선생님이 관심을 가질 수 있는 다양한 주제의 강좌가 있습니다.

## 5. 에듀니티 행복한연수원(https://happy.eduniety.net)

에듀니티에서 운영하는데 영어교과 지도에 관한 강좌는 거의 없습니다. 다만, 시중에 나온 영어 학습방법 중 하나인 '애로우 잉글리시' 강좌가 있으므로 연수로 듣고 싶은 경우 참고할 수 있습니다.

**[톡톡 활용 Tip] 선생님의 영어 공부, 이것 한 가지는 꼭 생각하기**

초등학교 영어 교과서의 단원 구성을 보면 한 단원이 4차시일 경우 1~2 차시에서는 〈듣기/말하기〉 영역에 조금 더 중점을 두고, 3차시에 〈읽기/쓰기〉 영역에 조금 더 중점을 두며, 주로 4차시에 〈듣기/말하기/읽기/쓰

기〉 4가지 영역이 종합적으로 고루 쓰이는 활동을 주로 합니다. 이 듣기, 말하기, 읽기, 쓰기의 4가지 영역을 고루 발달시켜 학생들의 기초적인 의사소통능력 향상을 달성하기 위해 노력합니다. 이때, 이 4가지 영역은 다시 크게 2가지로 나눌 수 있습니다. 듣기와 읽기는 입력 또는 수용 영역이고, 말하기와 쓰기는 출력 또는 표현 영역이라고 할 수 있습니다. 듣기와 읽기는 input이라고 할 수 있고, 말하기와 쓰기는 output이라고 할 수 있습니다. 언어를 학습할 때 바로 이 input과 output이 골고루 발달해야 하고, 조화를 이루도록 시간 투자 및 학습을 해야 합니다. 혹시 듣기와 읽기에 너무 치중해서 영어 학습을 하고 있는지 스스로 점검해보는 것이 필요합니다. 우리나라 대학교 입시의 특성상 듣기와 읽기에 치중한 영어 학습이 학창시절의 주를 이룬 때가 많았습니다. 그렇다 보니 많은 분이 성인이 되어서도 듣기와 읽

기에 치중하는 영어 학습을 하는 경우를 볼 수 있습니다. 가능하면 input뿐만 아니라 output 이 충분히 쓰일 수 있는 학습 방법을 찾아야 합니다. 말하기 영역의 발전을 위해서 선생님끼리 모여서 영어 회화 스터디를 한다거나, 자신이 직접 영어 주제에 대해서 말하는 것을 영상으로 찍어보는 활동도 할 수 있습니다. 쓰기 영역의 발전을 위해 영어 일기를 써보거나, 자신의 생각이나 어떤 주제에 대해 간단하게라도 영어 작문을 꾸준히 실천해 봅시다.

## 꿀팁·13

# 보다 살아있는 수업을 위한
# 비언어적·반언어적 표현하기

<이런 상황에서 활용>

처음 영어교과를 맡은 선생님이 고민하는 것 중에 하나는 영어 실력과 발음일 것입니다. 하지만 영어 실력과 발음 못지않게 중요한 것이 있다면 그건 바로 비언어적 표현과 반언어적 표현입니다. 조금 다른 몸짓, 시선만으로도 학생들의 집중력을 높일 수 있습니다.

<어떻게 할까요?>

비언어적 표현은 언어가 아닌 몸짓, 손짓, 표정, 시선, 자세 등을 나타냅니다. 반언어적 표현은 사용하는 말의 강약, 높낮이, 가락과 같은 것을 말합니다. 영어 수업을 진행할 때 영어 실력과 발음도 중요하지만 바로 이런 비언어적 표현, 반언어적 표현도 상당히 중요합니다. 특히, 조금 더 살아있는 수업이 되기 위해선 선생님이 얼마나 이런 표현을 잘 쓰는지가 중요한 관건이 됩니다. 수업 중 선생

님의 동선이나 학생들과의 아이컨택, 제스처와 음량 억양 조절은 영어 수업을 하면서 필수적으로 요구되는 요소입니다. 사실 영어 실력이나 발음을 위해 선생님은 시간과 노력을 들여서 투자를 합니다. 하지만 이런 비언어적 표현이나 반언어적 표현에 대해 간과하기가 쉽습니다. 평소의 일상 수업 속에 항상 이런 요소를 고민해야 합니다.

제스처의 경우 내가 생각한 것보다 좀 더 과도해야 한다는 것을 생각하면 됩니다. 음량 억양 조절의 경우, 빈 교실에서 음량 조절 연습을 해볼 필요도 있습니다. 음량을 작게 하는 것부터 점점 크게 말해 보는 것과 음량을 크게 말하는 것에서부터 점점 작게 말하는 것을 연습해 봅니다. 이때 음량을 크게 하는 요령은 숨을 깊게 들이마신 후, 배꼽에 있는 공기부터 끌어 올린다는 느낌으로 소리를 내보면 됩니다. 이런 비언어적 표현과 반언어적 표현이 얼마나 향상되었는지 확인하는 가장 좋은 방법은 역시 자신의 수업 장면을 영상으로 촬영해서 확인해 보는 것입니다.

## 꿀팁·14

# 원어민 선생님과
# 협력수업 역할 분담 방법

**<이런 상황에서 활용>**

국공립 초등학교에 영어 원어민 선생님이 많이 배치되어 있습니다. 영어교과 전담교사를 맡게 되면 이 영어 원어민 선생님과 협력수업을 해야 하는 경우가 생깁니다. 이때 협력수업의 방식엔 정답이 없지만 몇 가지만 고려하고 준비한다면 효율적인 수업 진행이 가능해집니다.

**<어떻게 할까요?>**

한국의 국공립 초등학교에 배치되는 영어 원어민 선생님의 공식 명칭은 '영어 원어민 보조교사'입니다. 초·중등교육법 제21조(교원의 자격) 제2항에 따르면 교사는 '대통령이 정하는 바에 의하여 교육부 장관이 검정, 수여하는 자격증을 받은 자이어야 한다.'라고 정하고 있기 때문에 원어민 교사는 정식 교사로 분류할 수 없습니다. 따라서 한국인 교사를 보조하는 영어 보조교사의 신분으로 해석할 수 있습니다.

국공립 초등학교의 원어민 영어 보조교사를 선발하고 배치를 담당하는 곳은 국립국제교육원 산하 EPIK프로그램입니다. EPIK은 English Program in Korea의 약자로 보통 에픽(홈페이지 http://epik. go.kr)이라고 불립니다. 이곳 EPIK

홈페이지의 Job Description 메뉴에서 Duties를 살펴볼 필요가 있습니다. 원어민 영어 보조교사로 오는 선생님이 지켜야 할 일반적인 의무가 있습니다.

이 내용을 살펴보면 원어민 영어 보조교사는 한국인 교사를 보조하여 영어 수업을 준비하고, 수업을 하고 또한 영어 교육과 관련 있는 활동을 한다고 제시되어 있습니다. 공식적으로 보조 역할을 수행합니다. EPIK을 통해서 오는 영어 원어민 선생님은 대부분 영어를 모국어로 쓰는 나라에서 대학 졸업한 경우 지원 가능합니다. 미국, 캐나다, 영국, 호주, 남아공 등에서 우리나라로 오고 있습니다.

그래서 영어 원어민 선생님의 대부분은 본국에서 대학교를 갓 졸업한 분입니다. 전공이 영어 교육이면 좋겠지만 그런 분은 극소수이고 영어 교육과는 크게 관련이 없는 학과입니다. 반대로 생각하면, 우리나라에서 젊은 사람이 대학 졸업하고 언어가 잘 안 통하는 나라에 가서 한국어를 가르친다는 것에 빗댈 수 있습니다. 혹시, 외국인에게 한국어를 가르쳐본 경험이 있는 분이라면 아마 생각보다 상당히 어렵다는 것을 알 수 있습니다. 한국어가 모국어이기 때문에 자유자재로 사용할 수 있지만 평소에 아무렇지도 않게 쓰던 표현의 규칙이라든지, 문법에 대해서 외국인에게 설명해주는 것은 쉽지 않은 일입니다.

마찬가지로, 영어 원어민 선생님도 그런 경우가 많습니다. 개인의 성격 차이도 있고, 능력이라든지 수업 기술에 있어서 정말 천차만별의 차이를 보여줍니다. 원어민 선생님 중에는 밝은 성격에 수업 진행도 잘하는 선생님도 있습니다. 이럴 경우 최고의 한 해를 보낼 수 있습니다. 또는 비사교적이고 비협조적이지만 능력이나 수업 기술, 영어 수업 진행을 잘하는 선생님도 있습니다. 이 경우도 괜찮습니다. 하지만 밝고 협조적이고 적극적이지만 수업 자체에 대한 기술이나 능력이 부족하여 수업이 전혀 진행이 안 되는 경우도 있습니다. 이럴 경우 상당히 협력 수업이 어려워질 수 있습니다. 이때 한국인 선생님의 상당히 많은 개입과 충분한 사전 협의회가 필요하게 됩니다.

원어민 선생님으로 다양한 분이 오기 때문에 협력수업을 생각할 때는 그 선생님의 성향이나 능력, 수업 기술 등을 고려할 수밖에 없습니다. 우수한 선생님일 경우 협력수업에 있어서 큰 어려움 없이 사전, 수업 중, 사후 협의회가 원만하게 진행됩니다. 하지만 그렇지 않을 경우 한국인 선생님은 더 많은 개입과 사전, 사후 협의회 시간을 가져야 할 것입니다.

원어민 선생님과의 협력수업에 대해서 어떻게 해야 한다는 구체적인 규정이나 규칙은 없습니다. 다만, 수업 전, 중, 후에 원어민 영어 보조교사와 한국인 교사가 충분한 협의와 역할 분담 그리고 피드백을 통해 수업 협의를 하는 것이 바람직하다고 제시되어 있습니다. 실제로 원어민 선생님과 이렇게 매 차시 수업을 함께하려면 상당한 준비와 노력이 있어야 합니다.

영어 수업시간에 원어민 선생님과 협력수업의 준비 및 노력을 통해 효과를 극대화하는 방안은 역할 분담을 잘하는 것입니다. 역할 분담은 한 차시 수업 내의 시간으로 하기도 하고, 활동별로 하기도 합니다. 또는 설명이나 내용은 한국인 선생님이 진행하고 게임이나 활동 진행은 원어민 선생님이 맡는 경우도 있습니다. 제가 선호하는 방식은 한 단원에서 정해진 특정 차시의 수업을 원어민 선생님이 전적으로 준비하고 한국인 선생님은 미리 사전 협의회를 통해 확인합니다. 실제 수업에서 원어민 선생님이 '주'가 되어서 진행합니다. 예를 들면 한 단원이 4차시로 구성되어 있다면 원어민 선생님이 1차시와 3차시를 주가 되어 진행하는 것입니다. 이때, 한국인 선생님은 주로 영어를 어려워하는 학생 위주로 개인 지도를 도와주고 중간에 한 번씩 수업에 개입하여 한국어 해석이나 부연 설명을 해 줄 수 있습니다. 이 또한 원어민 선생님의 능력과 노력이 뒷받침되어야 가능한 일입니다. 물론, 바람직한 역할 분담은 누가 '주'가 된다는 느낌이 느껴지지 않을 정도로 두 선생님이 매끄럽고 자연스럽게 수업을 진행하고, 빠지기를 연결하면서 하나의 결합체가 되어야 합니다.

〈퍼시픽림Pacific Rim〉이라는 영화를 보면, 자이언트 로봇을 조종할 때 조종사가 1명이 아니라 2명 이상입니다. 조종사들은 서로의 뇌가 연결되어서 자이언트 로봇을 조종합니다. 이때 하나의 로봇에 결합하는 두 조종사는 서로가 통해야만 로봇을 조종할 수 있게 됩니다. 이상적인 영어 수업도 이런 영화에서처럼 하나의 영어 수업에 두 명의 선생님이 서로 통하여 하나의 공통된 생각과 흐름을 가지고 자연스럽게 목표를 향해 수업을 진행하는 것입니다. 하지만 일상 영어 수업에서 매 차시 이렇게 한다는 것은 두 선생님 모두가 열의가 있고 시간과 노력을 들여야만 가능합니다. 원어민 선생님과의 협력수업에 있어서 무엇이 옳다 그르다 하는 정답은 없습니다. 다만, 한국인 선생님은 자신의 교육관에 의하여 무엇이 학생들의 영어 의사소통 능력 향상을 위해서 더 효과적이고 바람직한 방법인지 구상하면 됩니다.

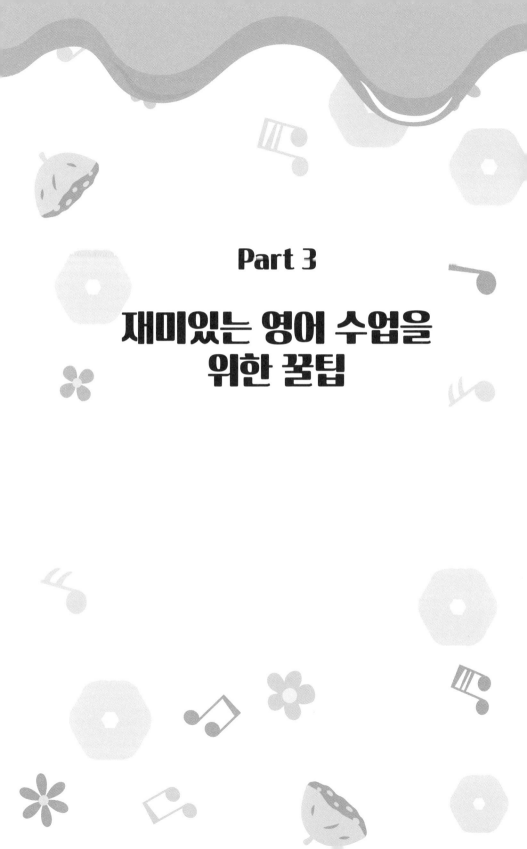

# Part 3

# 재미있는 영어 수업을 위한 꿀팁

# 꿀팁 15

# 5종류의 초등학교 영어 교과서

## <이런 상황에서 활용>

현재 초등 3~6학년 영어 교과서는 검인정 교과서입니다. 2015 개정 교육과정에서는 초등학교 영어 교과서를 4군데 출판사 총 5종류로 제공하고 있습니다. 각 학교에서는 5종류의 교과서 중에서 학교운영위원회의 결정에 따라 한 종의 교과서를 선택, 활용할 수 있습니다. 선생님은 먼저 학교에서 어떤 출판사의 교과서를 선택했는지 확인을 해야만 본격적인 수업 준비를 할 수 있습니다.

## <어떻게 할까요?>

4곳의 출판사에서 총 5종류의 영어 교과서가 있고, 각 학교별로 교과서를 선정하게 됩니다. 이때 3~6학년까지 한 종의 교과서를 선정하는 경우도 있지만, 3~4학년의 출판사와 5~6학년의 출판사가 다른 경우도 있습니다. 보통 교과서는 미리 주문을 해야 하기 때문에 다음연도의 교과서를 미리 회의를 통해 결정합니다.

따라서 영어교과를 처음 맡았을 경우 전년도에 회의를 통해 정해진 영어 교과서를 받게 됩니다. 만약 교과서를 다른 출판사로 바꾸고 싶다면 교과서선정위원회에 참여하여 의견을 내고 학교운영위원회의 최종 승인을 받아서 바꾸면 그다음 연도에 반영됩니다. YBM출판사의 경우 하나의 출판사에서 두 종류의 교과서가 있어서 대표 저자를 괄호에 포함시켜서 표시합니다. 5종류의 교과서는 YBM(김혜리), YBM(최희경), 천재교육, 동아출판, DAEKYO(대교)입니다. 학교별로 출판사가 다르기 때문에 해당 출판사의 교과서 관련 홈페이지를 참고해야 합니다.

이렇게 교과서의 출판사가 다르다 보니 본문 내용에 나오는 등장인물을 비롯하여 활동이 비슷하기도 하지만 다른 경우도 있습니다. 또한 교과서별로 교육과정에서 제시하는 영어 어휘나 주제는 비슷하지만, 약간씩 표현이 다르거나 몇몇 영어 어휘가 상이하게 제시됩니다. 아래 표를 확인해보겠습니다. 2015 개정 교육과정 초등학교 3학년 영어 교과서의 5종 출판사 중에서 'can' 표현이 들어간 단원을 비교했습니다. 단원명이 같거나 비슷하고 주요 표현도 유사합니다. 부가 표현은 조금씩 다르고 산출 어휘에 can, dance, swim은 5종류의 출판사 모두 공통적으로 쓰였지만 나머지 어휘는 조금씩 다른 것을 확인할 수 있습니다.

| 출판사 | 단원명 | 주요표현 | 부가표현 | 산출어휘 |
|--------|--------|----------|----------|----------|
| YBM<br>(김혜리) | Lesson 6.<br>Can you swim? | Can you swim?<br>- Yes, I can.<br>- No, I can't. | I can swim.<br>I can't swim. | can, dance, fly, hurry, sing, skate, ski, swim, umbrella, violin |
| YBM<br>(최희경) | Lesson 7.<br>Can you swim? | Can you swim?<br>-Yes, I can.<br>(Sure, I can.)<br>-No, I can't. | I can swim.<br>I can't swim.<br>You can do it. | can, dance, jump, sing, skate, ski, swim, now, sure |

| 천재교육 | Lesson 9.<br>I can swim. | Can you walk?<br>- Yes, I can.<br>- No, I can't. | I can walk.<br>I can't walk. | about, can, dance,<br>dive, run, sing,<br>swim, walk |
|---|---|---|---|---|
| 대교 | Lesson 10.<br>Can you skate? | Can you skate?<br>- Yes, I can.<br>- No, I can't. | You can do it. | can, dance, key,<br>king, run, sing,<br>swim |
| 동아 | Lesson 7.<br>I can swim | Can you swim?<br>- Yes, I can.<br>- No, I can't. | I can dance.<br>I can't dance. | can, climb, dance,<br>go, great, jump,<br>run, skate, ski,<br>swim |

[출처 : 5종 출판사 3학년 해당 단원 지도서]

교과서와 관련 있는 교수 학습 자료를 제공받을 수 있는 각 출판사 사이트는 아래 목록과 같습니다. 아래 사이트에서 회원가입 시 교사용 공인인증서 등으로 인증해야만 교사용 교수 학습 자료를 제공받을 수 있습니다.

- YBM - Y클라우드 http://www.ybmcloud.com
- 대교 - 티칭랩 http://www.teachinglab.co.kr
- 천재 - T셀파 http://e.tsherpa.co.kr
- 동아 - 두클래스 http://www.douclass.com/

## 꿀팁·16

# 학생과 교과서에서
# 가장 먼저 확인할 내용

&lt;이런 상황에서 활용&gt;

각 영어 교과서에는 교과서별로 구성과 차례, 인물이 특색을 가지고 있습니다. 이 내용을 영어 수업을 처음 시작할 때 함께 짚고 넘어가지 않는다면, 학생들은 수업 중간중간 구성, 차례, 인물에 대해서 인지하지 못하는 경우가 발생합니다. 미리 꼭 확인을 해야만 전체적인 수업이 진행되는 동안 중간에 이 부분을 다시 설명할 일이 줄어듭니다.

&lt;어떻게 할까요?&gt;

학생들과 교과서의 구성과 차례 및 인물을 확인하는 활동은 1년 동안의 영어 수업에서 교과서 내용을 확인할 때 가장 첫 단추가 되는 부분입니다. 또 학생들은 머릿속으로 큰 그림을 그려볼 수 있습니다. 아래 예로 YBM(김혜리) 출판사의 3학년 교과서를 활용하였습니다. 교과서의 앞쪽 부분을 살펴보면 이렇게 교과서에 첫째 시간, 둘째 시간, 셋째 시간, 넷째 시간이라고 나와 있습니다. 이는 각 차시별로 활동하는 내용입니다. 교사에게는 1차시, 2차시, 3차시, 4차시라는 용어로 쓰이지만 학생에게는 이렇게 첫째 시간, 둘째 시간 등으로 제시되어 있습니다.

차시별 특징을 영어의 4 skills(listening, speaking, reading, writing)과 연관 지어 생각해보면 1차시는 주로 Listening과 소극적 Speaking에 중점을 두고 있습니다. 2차시는 적극적인 Speaking 활동에 중점을 두고 있고, 3차시에서는 Reading과 Writing에 더 중점을 두고 있습니다. 마지막 4차시에서는 1, 2, 3차시에서 배운 내용을 바탕으로 프로젝트 학습 또는 이야기 맥락 속에서 주요 표현을 확인해 보는 시간을 갖습니다. 구성과 특징은 예로 YBM(김혜리) 출판사의 교과서를 들었는데 각 출판사나 학년별로 약간씩 차시 구성이나 단원 구성이 다를 수 있습니다.

이 내용을 살펴보면서 주의할 것은 이곳에 제시되어 있는 모든 활동을 항상

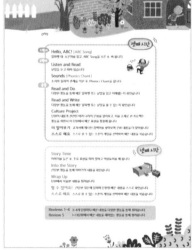

[출처 : YBM 출판사(김혜리), 2015 개정 교육과정 초등학교 3학년 영어 교과서 구성과 특징]

하는 것이 아니라, 이 활동 중에서 목표 달성을 위하여 선택이나 변형할 수 있다는 점을 알려주어야 합니다. 간혹 학생 중에서 이 활동을 전부다 항상 해야 한다고 오해하는 경우가 있기 때문입니다. 학생에게도 목표 달성을 위해 활동을 선택적으로 활용하고, 어떤 활동은 변형하기도 하며, 새로운 활동을 가져온다는 것을 알려주는 것이 좋습니다.

학생에게는 이런 학습의 흐름이 각 단원별로 계속 반복됨을 인지시켜 줍니다. 학생들은 한 단원이 4번의 수업 차시로 이루어진다는 것을 인식하면 영어 수업의 흐름을 잡는 데 도움이 됩니다.

다음은 차례와 인물입니다. 차례를 보면 1년 동안 배울 주요 표현의 핵심이 되는 단원명이 나와 있습니다. 단원명만 보더라도 이 단원은 어떤 내용을 다루는지 주제를 느껴볼 수 있습니다. 학생들에게는 단원명을 살펴보게 하고 1년 동안 배울 주요 단원을 살펴볼 시간을 갖습니다.

[출처 : YBM 출판사(김혜리), 2015 개정 교육과정 초등학교 3학년 영어 교과서 차례]

단원명을 보면 시간적인 특징이 나타나기도 합니다. 위의 예시 단원처럼 첫 번째 단원은 처음 만났기 때문에 인사를 하는 단원이 됩니다. Lesson 6에는 여름이 다가오기 때문에 수영할 수 있는지를 물어보고, Lesson 12의 경우 겨울에 학생들이 뛰다가 미끄러져서 다치는 경우가 많기 때문에 이런 단원 배치를 했다고 추측 가능합니다. 단원명을 확인하면 단원명으로부터 핵심 표현이 연결되기 때문에 학생들은 단원명과 그 단원명에 연결되는 질문이나 대답이 바로 연결되는 정도가 되어야 합니다. 이때 단원명 주변에 인물이 보입니다. 바로 이 인물의 이름을 꼭 살펴보아야 합니다. 여기에 나오는 인물은 1년 영어 수업 내내 교과서 이야기나 대화의 주인공으로 등장하기 때문에 꼭 알아둘 필요가 있습니다. 선생님이 이야기를 듣고 발문을 할 때 여기 등장하는 인물을 언급할 수밖에 없고, 학생들은 인물의 이름이 기억이 안 날 때 이렇게 앞에서 인물의 이름을 찾을 수 있다는 것을 깨달을 수 있습니다.

# 학생들이 교실에 들어올 때 치러야 할 의식

<이런 상황에서 활용>

학생들이 영어 특별실에 오는 경우 영어 수업 교실에 어떻게 들어오게 하고 싶은가요? 저는 영어 교실에 들어오기 전에 Code-Switching 의식을 추천합니다. 작은 의식 하나로 이 교실에서는 내가 한국어보다는 영어를 듣고 말해야 한다고 생각하는 사고의 전환을 시켜줄 수 있습니다.

<어떻게 할까요?>

가능하면 학생들을 맨 처음 만날 때, 영어 수업을 먼저 시작하는 첫 수업시간에 복도에서 기다립니다. 학생들이 오면 이곳은 'English Zone', 즉 영어를 배우기 위한 곳이기 때문에 이 문을 들어올 때는 영어를 꼭 써야 한다는 것을 일깨워 줍니다. 이때, 영어를 처음 배우는 학년인 3학년은 되도록 한국어 위주로 설명해 주고, 나머지 4~6학년은 가능하면 영어로 진행하는 것이 좋습니다. 중요한 의

식은 바로 줄에서 맨 앞 사람이 노크하고 문을 살짝 열어 "Can I come in? 또는 May I come in?"이라고 말을 하는 것입니다. 그럼, 선생님이 교실 안에 있을 때 면 "Yes, you can. 또는 Yes, you may." 등으로 답을 해줍니다.

이 의식을 치르는 이유는 학생들에게 이곳은 영어를 공부하는 곳이라는 것을 매 시간 수업을 시작하기 전에 자연스럽게 일깨워 주기 위해서 입니다. 학생들은 자연스럽게 영어라는 언어로 코드스위칭을 잠시 한 후에 교실에 입장하게 됩니다. 특히, 허겁지겁 달려오거나 친구와 장난치면서 오는 학생도 잠시 숨을 고르면서 차분해질 수 있는 여유를 줄 수 있는 장점이 있습니다.

<활용 Tip>

1. 첫 만남 때에는 학생들이 웃을 수 있는 분위기를 만들어주세요.

2. 특히, 학생들에게 지금 만난 이 선생님은 '영어 선생님이구나'라는 것을 각인시 켜줄 수 있는 소중한 시간입니다.

3. 학생들의 교실에 선생님이 옮겨가야 할 경우에는 반대로 선생님께서 노크를 하 고 "Can I come in?"으로 시작하는 것을 추천합니다.

4. 처음 복도에서 만나서 의식 활동을 진행하는 저의 일상 수업 영상 주소입니다.

[https://blog.naver.com/bsgyo/221403403331]

# 표준어가 있는 한국어와
# 표준어가 없는 영어

### <이런 상황에서 활용>

한국어에는 표준어가 있지만, 영어에는 없습니다. 학교에서의 영어는 주로 미국식 영어를 구사하는 것을 기본으로 합니다. 미국 내에서도 크게 동부 영어와 서부 영어가 있고, 또 지역별로도 차이가 있습니다. 특히 '공식적인 표준어'는 존재하지 않습니다. 또한, 영국식·호주식·캐나다식 영어 등 전 세계에 다양한 영어가 존재함을 인식하는 것이 좋습니다.

### <어떻게 할까요?>

간혹 영어를 잘한다고 생각하는 학생 중에 자신이 아는 영어가 항상 100% 정답이라고 오해하는 경우가 있습니다. 또한 원어민 선생님 중에도 그렇게 생각하는 경우가 있습니다. 하지만 언어는 변화하는 것이고, 특히 영어는 전 세계에서 쓰이게 되면서 다양한 형태로 변형되어 사용되고 있습니다. 또한 영어를 모국어로 쓰는 영국, 미국, 캐나다, 호주, 뉴질랜드 등의 나라 간의 영어 차이도 상당히 큰 편입니다. 학생들에게 기회가 된다면 종종 이런 나라의 다양한 영어의 차이에 대해서 소개해준다면 학생들이 영어의 다양성을 인식하는 데 도움을 줄 것입니다. 특히 미국식 영어와 영국식 영어의 발음(T의 발음 등)이나 단어 철자(colour), 또는 애초에 쓰는 단어가 다른 단어(soccer, football) 등을 소개해준다면 더욱 도움이 됩니다.

[출처 : Alphabet Letter Tracing Guide Worksheet ▶http://coloringhome.com/coloring-page/32737]

영어에 표준어가 없는 것처럼 알파벳을 쓰는 것에도 사실 정해진 공식적인 규칙이 없습니다. 한글에서 획순이 정해져 있는 것과 다릅니다. 실제 영어 알파벳의 획순을 보면 쓰는 사람마다 조금씩 다르다는 것을 알 수 있습니다. 영어권 나라에서도 Alphabets Tracing Guide로 검색해보면 비슷하긴 해도 미묘하게 다릅니다. 선생님은 가능하면 하나의 획순을 정해놓고 그 획순으로 가르쳐주는 것이 학생들의 혼동을 줄일 수 있습니다. 간혹 자신만의 방식으로 알파벳을 쓰는 학생이 있다면 허용해주면 됩니다. 학생들은 예시 획순을 따라서 써보고, 자신만의 획순으로도 써봅니다.

<활용 Tip>

저는 알파벳 획순에 대해서 언급할 때 한글의 'ㄹ'이나 'ㅂ'과 비교하여 설명합니다. 'ㄹ'을 쓸 때 3번에 나눠 쓰는 것이 규칙이지만 펜을 떼지 않고 한 번에 쓰기도 합니다. 또한 'ㅂ'을 쓸 때 정해진 획순이 있지만, 좀 더 빠르게 쓰기 위해서 'ㄴ'을 먼저 쓰고 'ㅓ'를 쓰기도 한다고 이야기합니다.

알파벳을 처음 접하는 학생에게는 알파벳 쓰기 자체도 그림 그리기에 가깝습니다. 한글을 처음 쓸 때 중요한 것처럼 알파벳을 처음 쓸 때 영어 쓰기의 첫 단추가 될 수 있습니다. 간혹 6학년 학생 중에 알파벳 대문자, 소문자 A부터 Z까지 쓰는 것을 의외로 잘 모르는 학생이 있습니다. 4~6학년 학생의 경우 학년 초에 학생에게 안 보고 알파벳 써보기를 통해서 알파벳을 얼마나 쓰는지 확인해 보는 것도 좋습니다.

# 학습지 제작 시
# 먼저 확인할 것은 '폰트'

<이런 상황에서 활용>

영어 수업을 하다 보면 교과서 이
외에 워크시트 또는 학습지를 제작
해야 할 경우가 발생합니다. 하지만
초등학교 영어 수업에서 이 학습지
를 제작할 때 의외로 폰트를 주의해
야 합니다. 폰트의 차이로 인해 학생
들이 알파벳을 혼동할 수 있기 때문
입니다.

[PC Windows Fonts 폴더 화면]

<어떻게 할까요?>

학습지를 제작할 때 영어 알파벳의 폰트를 꼭 살펴보아야 합니다. 가장 눈여

겨 볼 폰트는 바로 소문자 a입니다. 대부분 글자체에서 a는 학생들이 실제로 배우는 영어의 a와 다르게 나타나는 경우가 많습니다. 아래 사진처럼, 흔히 쓰는 고딕체, 굴림체, 궁서체, 돋움체, 바탕체 모두 소문자 a는 알파벳을 처음 배우는 3학년에게는 전혀 다른 알파벳으로 보입니다.

고딕체 abcdefghijklmnopqrstuvwxyz ABCDEFGHIJKLMNOPQRSTUVWXYZ
굴림체 abcdefghijklmnopqrstuvwxyz ABCDEFGHIJKLMNOPQRSTUVWXYZ
**궁서체 abcdefghijklmnopqrstuvwxyz ABCDEFGHIJKLMNOPQRSTUVWXYZ**
돋움체 abcdefghijklmnopqrstuvwxyz ABCDEFGHIJKLMNOPQRSTUVWXYZ
바탕체 abcdefghijklmnopqrstuvwxyz ABCDEFGHIJKLMNOPQRSTUVWXYZ
한컴 윤체 L abcdefghijklmnopqrstuvwxyz ABCDEFGHIJKLMNOPQRSTUVWXYZ
HY바다L abcdefghijklmnopqrstuvwxyz ABCDEFGHIJKLMNOPQRSTUVWXYZ
**HY산B abcdefghijklmnopqrstuvwxyz ABCDEFGHIJKLMNOPQRSTUVWXYZ**

그래서 학생 중에 왜 'a'를 'a'라고 쓰는지 물어보는 경우가 정말 많습니다.

소문자 a뿐만 아니라 소문자 g, 대문자 I와 J, 소문자 l 등 몇몇은 실제로 학생이 많이 물어보는 알파벳입니다. 영어를 처음 배우기 때문에 의외로 헛갈려하고 이상하게 생각하는 경우가 많습니다. 완벽하진 않지만 한글과컴퓨터사에서 제공하는 '한컴윤체L' 또는 'HY산B' 글자체가 그나마 다른 글자체보다 학생들이 실제로 쓰는 알파벳 형태와 가장 비슷합니다. 특히 초등학교 학생들은 이런 작지만 중요한 부분도 크게 느끼는 경우가 많습니다. 선생님도 학습지를 제작할 때, 이런 세세한 부분까지 챙겨준다면 알파벳을 처음 배우고 어려워하는 학생에게는 큰 도움이 됩니다.

# 학습지 관리 방법
## - Glue Time!

**<이런 상황에서 활용>**

영어 수업을 하다 보면, 교과서 자료만으로는 한계가 있습니다. 특히 추가 활동을 구상할 때면 항상 '학습지'를 제작하게 됩니다. 이때 학습지 관리를 할 때 'Glue Time' 풀로 학습지 붙이는 시간을 추천합니다. 한글 프로그램의 인쇄에서 2쪽 모아 찍기 또는 4쪽 모아 찍기 기능을 활용하여, 학습지를 인쇄 및 배부합니다. 활동을 진행하고, 활동이 끝나면 책에 붙이게 합니다.

**<어떻게 할까요?>**

학습지를 만들고 나눠준 후에 그걸 학생들이 어떻게 관리하고 활용하게 하는지가 큰 고민 중 하나입니다. 어떤 선생님께서는 L자 홀더 화일을 활용하는 것이 좋다고 하십니다. 또는 영어 공책 등을 활용하기도 합니다. 하지만 정리나 활용을 잘하는 학생은 문제가 되지 않지만, 대체로 학생들은 학습지 정리를 어려워합니다. 쌓어가는 학습지를 학생이 정리하기 어렵고 교과서의 어떤 내용과 연결되는지 직관적으로 알기도 어렵습니다. 또한, 한두 장씩 떨어지는 학습지는 대부분 쓰레기통으로 가기가 쉽습니다.

그래서 학습지를 '교과서'에 붙이는 방법을 찾았습니다. 보통 많이 쓰는 용지의 크기가 A4이므로 한글 프로그램상에서는 A4 크기로 학습지를 제작하여 2쪽에 똑같은 학습지를 만든 후 인쇄할 때 한글 프로그램의 2쪽 모아 찍기 기능을 활용하면 A4 절반 크기의 학습지를 2장 만들 수 있습니다. 아래 사진처럼 학습지를 인쇄할 때 '한글' 프로그램의 2쪽 모아 찍기 기능을 주로 활용하면 됩니다.

[출처: 한글 프로그램 인쇄 화면]

2쪽 모아 찍기를 하면 A4 사이즈의 종이에 같은 내용이 2개가 나오게 인쇄를 할 수 있고, 학생들은 A4의 절반 크기로 학습지를 받을 수 있습니다. 학생은 더 작은 크기의 학습지라서 휴대하여 활동하기 더 간편해집니다. 학교에서 A4 용지를 사용하는 것이 일반적이므로 2쪽 모아 찍기를 활용하지만, 가능하면 A4 용지 대신 B5 용지로 인쇄하면 일일이 절반 크기로 잘라야 하는 번거로움을 줄일 수 있습니다.

학습지 활동이 끝나면, 학생들은 교과서에 학습지를 붙입니다. 이때 학생에게 붙일 장소를 정해줍니다. 주로 관련 차시나 단원 주변에 붙이고, 교과서 내용 중에 선택하지 않은 활동 위에 덮어서 붙이거나 풀칠을 일부분만 해서 붙이면 됩니다. 여러 학생이 쓸 수 있도록 영어교실 양쪽에 풀 바구니 등을 준비하여 풀칠을 손쉽게 할 수 있게 합니다.

선생님이 "Glue Time~!"이라고 외치면, 학생들은 풀로 학습지를 붙이면 됩니다. 처음에는 시간이 좀 오래 걸리지만, 몇 번 풀로 붙여보면 나중에는 1분 정도면 전체 학생이 풀로 학습지를 붙이고 다음 활동으로 넘어갈 수 있습니다.

\<활용 Tip\>

1. 가끔 풀로 안 붙이고 그냥 끼우기만 하는 학생이 생깁니다. 학습지가 바닥에 굴러다니는 경우가 생겼을 때 점검하여 안 붙이고 끼우기만 한 학생은 남아서 다 붙이고 가게 합니다.

2. 활동을 다 하지도 않았는데 풀로 미리 붙이는 학생도 생깁니다. "Glue Time~!"이라고 하기 전까지는 풀로 붙이는 것을 금지합니다.

3. 풀로 붙여서 교과서 내용이 가려지는 것이 신경 쓰인다면 재접착풀을 사용하면 됩니다. 재접착풀은 포스트잇처럼 접착력이 있지만 쉽게 뗄 수 있게 해줍니다.

# 꿀팁·21

# 미션 학습지에
# 꼭 들어가야 할 것

**<이런 상황에서 활용>**

영어 수업 중에 학생들이 교실 안을 돌아다니면서 친구와 영어로 대화를 주고받는 활동을 할 때가 있습니다. 미션 학습지를 활용해서 할 수 있는데, 이 미션 학습지에 꼭 들어가야 할 내용이 있습니다. 그것은 바로 「Rubric 평가표」입니다. 단순히 평가만을 위한 평가표가 아니라 미션을 잘 수행하기 위한 평가표이자, 인성 요소까지 가르칠 수 있는 굉장히 중요한 미션이 하나 있습니다.

**<어떻게 할까요?>**

학생 참여형 수업을 고려할 때 학생이 교실 내에서 임의의 친구를 만나서 대화를 주고받는 활동은 간단하면서도 효과적인 활동이 될 수 있습니다. 학습지를 제작하여 활동을 진행할 때는 이런 Review 형태의 칸을 만들어주는 것이 좋습니다. 이때 평가 또는 Review 항목을 만들고 〈Good / Okay / Help〉 등의 3단평가를 할 수 있도록 만듭니다. 만난 사람에 남녀를 구별한 경우는 간혹 5~6학년 학급 중에서 남학생은 남학생끼리만, 여학생은 여학생끼리만 활동하는 경우가 있어서 이런 요소를 반영한 것입니다.

〈Good / Okay / Help〉는 학생이 대화를 주고받고 나서 상대방을 평가하는 제도입니다. 상대방이 대화문을 전혀 안 보고 대화를 매끄럽게 진행했다면 〈Good〉에 표시합니다. 〈Okay〉는 상대방이 학습지의 대화문을 보며 읽으면서 활동을 했다면 〈Okay〉입니다. 〈Help〉 항목은 상대방이 학습지의 대화문을 보고도 잘 읽을 줄 몰라서 내가 도와줬다면 〈Help〉입니다. 실제 5~6학년 중에 영어 문장을 잘 읽을 줄 몰라서 활동 진행이 어려운 경우가 있습니다. 이런 요소를 만들어 두지 않으면 대부분의 학생은 영어를 어려워하는 학생과 만나지 않으려고 하는 현상이 발생합니다. 따라서 〈Help〉 항목을 만들어서 내가 〈Good〉을 받는 것보다 〈Help〉를 얼마나 많이 했는지가 정말 멋진 사람이라고 해줍니다. 그러면 정말 여러 학생이 〈Help〉를 받기 위해서 자연스럽게 「멘토-멘티」의 관계처럼 어려워하는 친구를 도와주면서 활동이 진행이 됩니다.

이렇게 Review, 평가표를 반영해두면 활동이 끝나고 학습지를 걷어서 학생의 과정중심평가로써 활용이 가능합니다. 또, 어떤 학생이 〈Good〉을 많이 받았는지 또는 어떤 학생이 〈Help〉를 많이 받았는지를 확인해두면 다음 수업 설계, 개별지도 등을 할 때 도움이 됩니다.

# Giving Directions! 우리동네 길찾기 Mission!

5학년 (   )반 (   )번 이름(   )

| Review | | | |
|---|---|---|---|
| 찾은 장소 | OX△ | 길을 알려준 사람 | 평가 |
| HOMEPLUS | | (   ) | Good/okay/help |
| MINISTOP | | (   ) | Good/okay/help |
| Opera Sports Center | | (   ) | Good/okay/help |
| Wolgok Post Office | | (   ) | Good/okay/help |
| Yeongcheon Middle School | | (   ) | Good/okay/help |
| Daeban Elementary School | | (   ) | Good/okay/help |
| Yaho Center | | (   ) | Good/okay/help |
| 7-11 | | (   ) | Good/okay/help |
| Nonghyup Bank | | (   ) | Good/okay/help |
| Hi Mart | | (   ) | Good/okay/help |
| Yeongcheon Elementary School | | (   ) | Good/okay/help |
| Geumgu Middle School | | (   ) | Good/okay/help |
| Mokryon Elementary School | | (   ) | Good/okay/help |

| Review | | |
|---|---|---|
| 만난 사람 | 가짜를 맞혔나요? | 평가 |
| 남 (   ) | (   ) | Good/okay/help |
| 여 (   ) | (   ) | Good/okay/help |
| 남 (   ) | (   ) | Good/okay/help |
| 여 (   ) | (   ) | Good/okay/help |
| 남 (   ) | (   ) | Good/okay/help |
| 여 (   ) | (   ) | Good/okay/help |

| Review | | |
|---|---|---|
| 만난 사람 | 가짜를 맞혔나요? | 평가 |
| 남 (   ) | (   ) | Good/okay/help |
| 여 (   ) | (   ) | Good/okay/help |
| 남 (   ) | (   ) | Good/okay/help |
| 여 (   ) | (   ) | Good/okay/help |
| 남 (   ) | (   ) | Good/okay/help |
| 여 (   ) | (   ) | Good/okay/help |

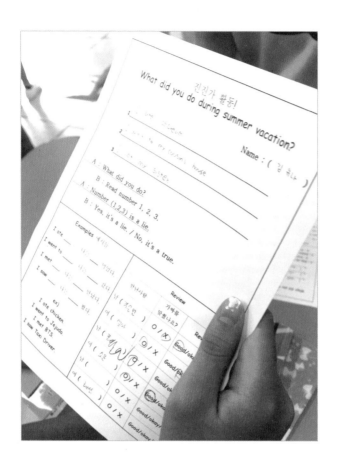

## 꿀팁 22

# 학생 대 선생님의 대결, PPT 게임 진행방식

**<이런 상황에서 활용>**

각종 PPT 게임은 학생의 흥미와 관심도를 높여주면서 함께 배운 내용을 복습하기 위한 수단으로 쓰입니다. 학생이 번호나 알파벳 등을 고르면 문제가 나오고, 그 문제의 답을 맞히면 점수를 획득하는 형태로 게임이 진행됩니다.

**<어떻게 할까요?>**

인터넷에서 찾아보면 마리오 게임, 톰과제리 게임, 심슨 게임, 흥부놀부 게임 등 다양한 PPT 게임이 존재합니다. 이런 PPT 게임은 문제를 골라서 읽고 맞힌다는 점에서 비슷합니다. 반면 문제를 맞히거나 틀렸을 때 얻는 점수 방식이 조금 다릅니다. 이런 종류의 PPT 게임을 진행할 때 그룹별로 진행을 하면 상당한 문제가 생기기 쉽습니다. 그룹 간의 경쟁이 지나쳐서 다른 그룹의 친구가 틀리면 환호성을 지른다거나, 그룹 내의 친구가 틀릴 경우 엄청난 비난을 쏟아내는 경우가 생길 수 있습니다. 그래서 제가 추천하는 방법은 〈선생님 VS 학생〉의 대결 형태로 진행하는 것입니다.

 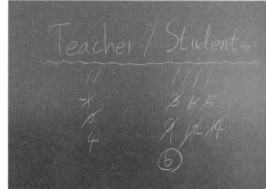

먼저 학생이 문제를 고르고 전체에게 보여줍니다. 정답을 공개적으로 말하면 안 됩니다. 혹시 정답을 말하는 학생이 있다면 그 문제의 점수는 선생님 것이 됩니다. 그리고 임의로 학생을 뽑습니다. 저는 숟가락에 번호를 써두고 숟가락 번호 뽑기를 했습니다. 이때 한 번 뽑은 번호는 빼두는 형태로 진행하면서 많은 학생에게 기회가 주어질 수 있도록 합니다. 뽑힌 학생이 정답을 말하고, 정답을 맞히면 그 문제의 점수는 학생 것이 됩니다. 만약 답을 말하지 못할 경우 한 명 또는 두 명 정도 더 뽑아서 기회를 줍니다. 더 기회를 주었는데도 답을 말하는 학생이 없을 경우 문제에 대한 답을 알려주고 이 문제의 점수는 선생님 것이 됩니다. 이런 형태로 정해진 시간까지 게임을 진행하면 됩니다. 학생들에게 꼭 강조해야할 점은, 이 게임을 하는 목적은 '게임' 그 자체가 아니라 이를 통해 배운 내용을 다시 기억하기 위해 하는 활동이라는 것입니다. 학생이 이겼을 때는 작은 보상으로 재밌는 영어 관련 영상이나 놀이를 제공하고, 선생님이 이겼을 때는 1분 명상의 시간 둥을 진행하면 됩니다. 하지만 이 형태로 진행을 하면 대부분 학생이 이깁니다. 학생 전체가 선생님을 이겼을 때 환호하는 모습을 보면, 그룹별로 진행을 했을 때보다 더 큰 기쁨이 생깁니다.

실제로 PPT 게임을 선생님 대 학생으로 진행하는 저의 일상 수업 영상 주소입니다.

[https://blog.naver.com/bsgyo/221405097347]

# 꿀팁 23

# 효율적인 영상 활용
# 수업을 위한 재생 프로그램의 단축키

<이런 상황에서 활용>

영어 수업 중에 동영상 파일을 활용하는 경우가 있습니다. 이런 영상 파일을 수업에 활용할 때, 동영상 재생 프로그램의 단축키를 먼저 알아두면 정말 유용하게 쓸 수 있습니다.

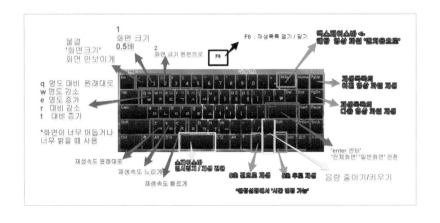

영어 수업을 위해 다양한 멀티미디어 자료를 활용할 때가 있습니다. 그중에서도 단연 으뜸은 영상 파일일 것입니다. 학생들을 위해 챈트나 노래 등을 유튜브를 통해 해당 영상(또는 노래)을 내려 받아 파일로 활용하는 것을 추천합니다. 해당 영상은 특별한 문제가 발생하지 않고 원할한 수업을 진행할 수 있습니다. 유튜브 링크 주소를 클릭해서 재생할 경우 해당 영상이 재생이 안 되는 경우도 생기고, 광고 등의 문제로 수업의 흐름이 끊기기 쉽습니다. 파일로 받은 유튜브의 영상 또는 노래를 재생할 때 원래 속도도 좋지만, 속도를 조절하면 학생의 흥미와 도전의식을 굉장히 높여줄 수 있습니다. 간혹, 너무 느린 곡은 학생을 지루하게 만들기도 합니다.

보통 동영상 플레이어는 각각의 단축키 시스템이 있지만 대부분 비슷한 단축키를 가지고 있습니다. 제가 주로 사용하는 팟플레이어[PotPlayer]는 단축키 <C>를 누르면 속도가 빨라지고 <X>를 누르면 속도가 느려지며 <Z>을 누르면 원래 속도로 돌아옵니다. 다운받은 좋은 노래가 좀 느리다면, 1.5~2배속, 너무 느리다 싶으면 3배속까지 도전해보면서 학생들에게 또 다른 재미와 함께 학습 효과를 거둘 수 있습니다. 또 <스페이스바>를 누르면 일시정지와 재생이 번갈아 작동하므로 영상을 잠깐 멈출 때는 키보드의 스페이스바를 이용하면 됩니다.

이외에도 화면 크기를 <Enter>와 숫자 <1, 2, 3, 4>를 통해서 조절할 수 있습니다. 화면이 좀 어둡다 싶으면 명도와 대비를 증가시키면 화면이 좀 더 밝아집니다. 음량을 줄이거나 키울 때는 키보드의 방향키를 활용하면 됩니다.

이런 소소한 단축키를 외워두면 영상을 활용한 영어 수업을 진행할 때 훨씬 더 매끄럽게 진행할 수 있다는 장점이 있습니다.

실제로 재생속도를 좀 더 빠르게 하면서 학생들의 흥미와 도전의식을 높여주는 영어 원어민 선생님의 수업 영상 주소입니다.

[https://blog.naver.com/bsgyo/221405228042]

# 학생 랜덤 발표,
# 아날로그 감성 뽑기 방법

**<이런 상황에서 활용>**

수업을 진행하다 보면 학생을 임의로 뽑아야 할 상황이 있습니다. 컴퓨터나 애플리케이션을 사용하는 방법도 있지만, 선생님이 편리하면서 학생들이 의외로 즐거워하는 방법이 바로 아날로그 감성의 뽑기 방법입니다.

**<어떻게 할까요?>**

PC 플래시 파일로 '물방울 뽑기, 대포 뽑기' 등의 PC 화면을 활용한 디지털 감성의 뽑기 방법이 있습니다. 하지만 매번 뽑기만을 위한 프로그램을 따로 실행해야 하는 단점이 있습니다. 그래서 학생에게 아날로그 감성을 위해서라도 '숟가락 번호 뽑기'나 '막대 뽑기' 등을 활용하는 것도 좋은 방법입니다. PC에서 뽑기를 하는 것보다 훨씬 더 학생들과 교감할 수 있습니다. 또한, 번호를 뽑은 것을 꺼내놓으면서 몇 명이 발표를 했는지, 누가 어떤 발표를 했는지 바로바로 확인 및 기록

할 수 있습니다.

위와 같이 숟가락에 번호를 적고 뒤집어서 통에 넣습니다. 그리고 임의로 학생을 뽑아야 할 때에는 선생님이 통을 한 손으로 흔들면서 숟가락을 하나 뽑아 학생들에게 번호를 보여주면서 그 번호를 '영어'로 말합니다. 그러면 해당 번호의 학생은 손을 든다든지, 일어난다든지, 주변에서 알려준다든지 합니다. 그럼 선생님이 그 학생의 이름을 불러주고 특정 활동을 진행하게 됩니다.

숟가락 번호 뽑기 이외에도 아이스크림 막대(컬러하드바 등) 등을 이용해서 뽑기를 진행해도 좋습니다. '컬러 하드스틱', '하드막대', '하드바'라고 불리는 막대입니다. 끝부분에 번호를 써서 뽑기를 진행해도 좋습니다. 더 인간미가 느껴지는 뽑기를 원한다면 번호 대신에 학생 이름을 써도 좋습니다. 학생 이름을 쓰게 되면 막대를 뽑았을 때 학생의 이름을 바로 불러줄 수 있어서 정감이 더 느껴집니다. 불편한 점은 처음 만들 때 상당한 시간과 많은 양의 막대를 만들어야 하고, 전입생이 있을 때마다 추가로 제작해야 한다는 것입니다.

  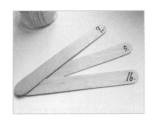

<활용 Tip>

1. 뽑혔던 번호를 밖으로 빼두면 안 뽑힌 학생에게 우선적으로 기회를 줄 수 있기 때문에 더 공평해집니다.

2. 임의로 자리배치, 제비뽑기 형태의 자리배치일 때는 학생이 직접 번호를 뽑을 때도 활용할 수 있습니다.

# 한글 발음 표기 시, 중요한 영어 음절수를 알자

<이런 상황에서 활용>

초등 영어 수업에서 정말 어쩔 수 없이 간혹 한글을 이용해서 발음을 표기해야 할 상황이 있습니다. 이때 영어의 자음과 모음의 발음도 중요하지만, 꼭 음절의 개념을 짚고 넘어가는 것이 좋습니다.

<어떻게 할까요?>

영어 단어나 문장을 한글로 발음을 표기하게 되면 많은 분이 발음(파닉스)을 지적하는 경우가 있습니다. 물론 발음 부분도 중요하지만, 제가 생각하기에 더 중요한 것은 발음보다 음절이라고 봅니다. 영어를 모국어로 쓰는 미국 유치원 및 초등학교 영어 수업시간에도 영어 음절수 박자치기 등의 활동을 진행합니다. 하지만 영어와 한국어의 음절에는 차이가 있기 때문에 음절수가 달라서 말할 때의 박자가 전혀 다른 경우가 다수 있습니다. 예를 들면 일상생활에 쓰이는 영어 단

어 중에서 '스프리이트'의 경우 한국어로 5음절의 단어이지만, 영어는 'sprite' 1음절의 단어가 됩니다. 이외에도, space(1음절)-스페이스(4음절), case(1음절)-케이스(3음절) 등 영어의 음절과 한국어의 음절 차이는 아주 쉽게 접할 수 있습니다.

음절수에 대한 인식 차이가 생기다 보니, 실제 외국인을 만났을 때 음절수로 인하여 영어를 이해하지 못하는 '대화단절'의 상황이 발생하기도 합니다. 그래서 조금이라도 이런 '음절수'의 요소를 반영하여 한글 발음표기를 해주고, 그것을 언급해주는 것이 좋습니다. 실제 아래 판서 내용은 한국어를 배운 영어 원어민 선생님이 영어 단어 아래에 한글로 참고 발음표기를 해준 내용입니다. 'twenty'라는 영어를 '트웬티'로 적지 않고 '탠티 또는 탠니'라고 적은 것을 확인할 수 있습니다. 'read'에서도 '래드', '리드'가 아닌 '랟', '릳'으로 적은 것을 확인할 수 있습니다.

음절수만 잘 지켜도 조금 더 유창한 영어를 구사할 수 있다고 생각합니다. 영어 음절수가 헷갈릴 때는 인터넷에서 검색할 수 있습니다.

<활용 Tip>

1. 영어 단어의 음절수가 헷갈릴 때 참고할 수 있는 사이트입니다.

　🪨 [https://www.howmanysyllables.com]

　단어를 입력하고 검색을 클릭하면, 해당하는 영어 단어의 음절수를 확인할 수

　있습니다. sprite를 검색해보면 1음절이라는 것을 확인할 수 있습니다.

# 구글 이미지에서
# 영어 단어 검색하기

**<이런 상황에서 활용>**

영어 수업을 하다 보면 단어를 설명해야 할 때가 있습니다. 이때 영어 단어를 한국어 뜻으로 바로 말해주는 것보다 구글 이미지 검색을 통해 사진 또는 그림으로 보여주는 것도 효과적인 방법입니다.

**<어떻게 할까요?>**

학생이 모르는 영어 단어를 설명할 때 바로 한국어 뜻을 알려주는 것보다는 PC 화면을 통해서 구글 이미지 검색을 활용하는 것이 효과적입니다. 구글에서 영어 단어를 입력한 후에 '이미지'를 클릭하면 됩니다.

한 예로 초등학교 학생이 가장 좋아하는 공놀이인 피구(의외로 많은 학생이 피구를 영어로 잘 모릅니다.)를 영어로 검색해봅니다. 'dodgeball'을 구글에서 이미지 검색해 보았습니다. 이렇게 피구 경기하는 장면의 이미지도 나오고 영화 제목으로도 'dodgeball'이 있다는 것을 확인할 수 있습니다.

[출처 : 구글에서 'dodgeball'로 검색한 이미지 검색 결과 화면]

학생에게 이미지를 통해서 단어를 기억할 수 있는 기회를 준다면 더욱 의미 있는 시간이 됩니다. 한국에서 사용하는 영어 중에서 잘못 쓰이고 있는 경우가 의외로 많습니다. 그런 영어를 '콩글리시'라고 부르기도 합니다. 영어가 모국어인 사람이 콩글리시를 듣고 이해할 수 없는 단어도 있습니다. 그런 단어도 구글 이미지 검색으로 확인해 볼 수 있습니다. 싸인을 예로 찾아 보았습니다. 카드 결재 등을 하고 서명할 때 보통 '사인$^{sign}$'이라고 합니다. 이 sign을 구글에서 이미지 검색하면 아래와 같이 여러 '표지판'의 이미지가 나타납니다. 표지판이 영어로 sign

[출처 : 구글에서 sign으로 검색한 이미지 검색 결과 화면]

이기 때문입니다. 한국에서 쓰이는 sign(사인)은 signature에서 앞글자만 따서 짧게 쓰인 경우입니다. signature와 비슷한 단어로는 autograph가 있습니다.

　signature라고 검색했을 때 우리가 아는 그 싸인이 나옵니다.

[출처 : 구글에서 signature로 검색한 이미지 검색 결과 화면]

　이렇게 구글에서 이미지 검색을 하다 보면 시각적인 영어 단어 학습이 가능하고 의외로 잘못 쓰이고 있는 영어 단어를 발견하기도 합니다.

# Exit Ticket 활동으로
# 학생 평가 및 피드백 하기

**<이런 상황에서 활용>**

2015 개정 교육과정의 적용에 따라 과정중심평가가 중요한 요소가 되었습니다. Exit ticket 활동을 통해 이런 과정중심평가에서 제시하는 평가 및 피드백을 구현해 볼 수 있습니다.

**<어떻게 할까요?>**

영어 수업시간이 끝나고 교실로 돌아갈 때 학생들은 그 수업시간에 배운 주요 표현을 Exit Ticket에 적어서 제출하거나, 선생님과 대화를 주고받아야만 밖으로 나갈 수 있는 퇴장권을 획득한다는 설정입니다. 이때 Exit Ticket이라는 용어 이외에도 Door Mission, Exit Mission 등 다양한 이름을 쓸 수 있습니다. Listening과 Speaking을 확인하고자 한다면 학습지 없이 대화를 주고받으면 되고, Reading과 Writing을 확인하고자 한다면 학습지를 미리 준비하거나 빈 종이를 준비하면 됩니다. 교실로 바로 갈 경우 안전의 문제가 생길 수 있으므로 모든 학생이 끝나는 동안 먼저 끝난 학생은 아주 잠시 자유시간을 영어교실 안에서 갖도록 합니다. 만약 영어 전용교실이 아닌 각 반 교실에서 영어 수업이 진행될 경우 교실 한쪽에 줄을 서서 통과하면 자유시간을 갖게 하거나, 복도에 모두 나온후에 교실로 들어가서 자유시간을 갖게 할 수도 있습니다.

　모든 학생이 일어나서 교실 뒤편에 줄을 섭니다. 선생님은 그날 배운 주요 표현, 핵심 표현에 대해서 묻고 학생이 답하는 형태로 진행합니다. 읽고 쓰기로 진행할 경우에는 학습지나 쪽지를 미리 준비해야 합니다. 학습지를 나눠주고 먼저 제출하는 대로 확인하고, 통과되면 자유시간을 갖게 합니다. 또는 빈 쪽지에 선생님이 불러주는 물음에 대한 답을 적거나, 선생님이 원하는 문장 등을 적어보게 합니다.

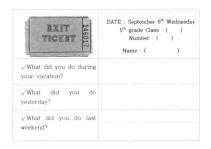

<활용 Tip>

1. 이 활동을 영어 수업시간에 활용할 때 가능하면 매 수업시간에 적용해서 반복적인 일과처럼 하는 것이 좋습니다. 만약 한 번이라도 이 활동을 안 하게 되면 학생들은 그다음 수업시간에도 안 하는 것을 기대하기 때문에 일관성이 무너집니다.

2. 과정중심평가로도 연결되므로 활동이 끝나고, 그때그때 수업 일지에 특이사항을 기록해두면 좋습니다.

3. 학급당 학생 수가 많아서 줄이 너무 길 경우 2줄 또는 3줄로 서게 하고, 학생 중에 Captain을 1명 또는 2명 뽑아서 교사 역할을 하게 하는 것도 좋습니다.

4. 먼저 끝난 학생이 힘들어 하는 친구를 자연스럽게 도와줄 수 있어서, 또 그렇게 선생님이 유도할 수 있어서 더욱 유의미한 활동입니다.

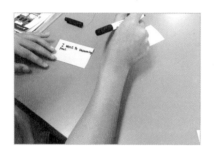 

# 수업 끝나고 헤어질 때 인사하는 방법

### <이런 상황에서 활용>

혹시 수업이 끝나고 학생과 헤어질 때 그냥 인사만 하고 보내시나요? 학생과 라포Rapport 형성에 조금이라도 더 도움이 되는 헤어질 때 인사법이 있습니다. 〈High Five, Fist Bump, Handshake〉이 세 가지 중에 하나만 해도 좋습니다!

### <어떻게 할까요?>

수업이 끝나고 헤어질 때 가능하면 모든 학생과 개별 인사를 하면 좋습니다. 어떻게 보면 영어교과 전담 선생님으로서 학생과 라포 형성에 도움이 되는 아주 작지만 큰 활동이 됩니다. 학생들이 문을 나설 때 한 명씩 인사를 해주면서 하이 파이브, 주먹치기, 또는 개별 악수를 해줍니다. 어떤 선생님께서는 포옹을 해주시는 경우도 있는데, 오해의 소지가 생길 수 있으므로 개인적으로는 추천하지 않습니다. 저는 주로 학생에게 위의 세 가지 방법 중에 택하게 했습니다. 손을 활짝

펴고 오면 하이파이브를 해주고, 주
먹을 쥐고 오면 주먹치기를 해주고,
개별 악수는 미리 약속된 방법을 정
해서 그 악수를 하는 것입니다. 영화
를 보면 외국인 두 명이 만나면 미리
약속된 악수를 '짝짝짝짝' 하는 것을

학생과 할 수도 있습니다. 물론 이것도 원하는 학생이 있을 경우에만 합니다.

특히, 수업시간에 혹시 기분이 안 좋은 일이 있던 학생이나, 지적받아서 낙담
한 학생에게도 다시 활력을 불어넣어 줄 수 있는 소중한 시간이 됩니다. 약 1분
정도면 충분히 다 인사를 할 수 있는데, 이 짧은 시간에 정말 많은 학생과 교감할
수 있습니다. 또한 학생에게 영어로 한마디씩 해주면 나중에는 영어로 대답하는
경우가 점점 늘어나 더욱 뿌듯한 활동입니다.

<활용 Tip>

수업 끝나고 학생을 교실로 돌려보내며 마지막 인사하는 저의 일상 수업 영상
주소입니다.

 https://blog.naver.com/bsgyo/220952974532

# 생각보다 간단한 포스트잇, 라벨지에 인쇄하는 방법

### <이런 상황에서 활용>

학생 활동을 준비하다 보면 간혹 벽에 힌트나 활동 관련 미션지 등을 붙여야 할 일이 있습니다. 주로 테이프나 재접착풀 등을 이용하여 종이를 붙이는데, 포스트잇이나 라벨지에 인쇄하는 방법을 알아두면 생각보다 간단하게 활용할 수 있습니다.

### <어떻게 할까요?>

포스트잇은 접착 능력이 자체적으로 있고 떼는 것도 간편하기 때문에 일회성 활동을 할 때에는 포스트잇에 인쇄를 하는 것이 더욱 효과적입니다. 인쇄하는 방법은 생각보다 간단합니다.

■ 활용 방법

① 먼저 인쇄하려고 하는 포스트잇
의 가로×세로 길이를 잽니다. 이
때 더 정확하게 mm 단위로 재야
합니다. 제가 예시로 준비한 이
포스트잇은 가로×세로 길이가
76mm입니다.

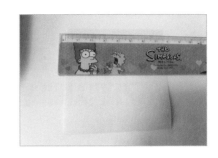

② 한글 문서를 열고 [입력-개체-글
상자]를 클릭하여 글상자 하나를
입력합니다.

③ 입력한 글상자에서 마우스 오른
쪽 버튼을 클릭하여 [개체 속성]
에 들어갑니다.

④ [개체 속성]에서 [기본-크기]를
확인하면 너비와 높이가 나와 있
습니다. 너비와 높이를 고정값으
로 선택하고 방금 길이를 잰 포스

트잇의 가로×세로 길이를 입력한 후, '크기 고정'을 클릭합니다. 이때, 2~3mm
정도 더 작게 입력을 하면 글상자의 선이 잘리지 않고 들어갑니다. 정확하게 같
은 크기로 인쇄를 하고 싶다면 길이를 그대로 입력하면 됩니다. '크기 고정'을

하는 이유는 글상자 안에 글을 입력하다 글상자의 크기가 변형되는 것을 막기 위함입니다.

⑤ 입력된 글상자 내부에 포스트잇에 인쇄하고자 하는 내용을 입력합니다. 저는 협동형 ABCD 쓰기 활동을 위한 내용을 입력해 보았습니다.

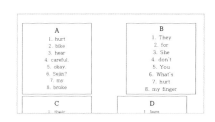

⑥ 인쇄하기 전 인쇄용지함 안에 화살표로 인쇄 방향을 표시합니다. 이 화살표 방향을 보고 한 번 더 인쇄를 해야 합니다.

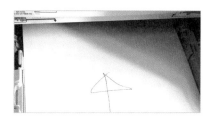

⑦ 4개의 글상자에 입력한 내용을 인쇄하면 사진처럼 출력이 됩니다. 그럼, 이제 인쇄된 내용 위에다 포스트잇을 붙입니다.

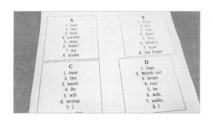

⑧ 포스트잇을 덮어 붙이면 이렇게 내용을 가리게 됩니다. 조금 전 화살표 방향을 잘 기억하면서 포스트잇을 덮어 붙인 용지를 다시 인

쇄용지함에 넣어줍니다.

⑨ 한 번 더 인쇄를 하게 되면 포스트잇 위에 방금 전 같은 내용이 인쇄되어 나옵니다. 이제 필요한 곳에 붙여서 활동에 활용하면 됩니다.

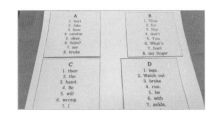

간혹 포스트잇의 접착력이 약하기 때문에, 또는 좀 더 편한 것을 원한다면 라벨지를 활용하는 것도 좋습니다. 한글 프로그램에서는 이 라벨지의 양식을 제공하기 때문에 포스트잇에 인쇄하는 것보다 훨씬 더 쉬운 방법으로 수업에 활용할 수 있습니다.

① 먼저 라벨지의 종류와 이름을 확인해야 합니다. 옆의 사진은 Formtec사의 <3114>라는 이름의 라벨지로 8칸입니다.

② 라벨지 이름을 확인했다면 한글 프로그램에서 [쪽-라벨-라벨 문서 만들기]를 클릭합니다. 그럼

라벨 문서를 고르는 창이 뜹니다.

③ 두 번째 메뉴인 [라벨 문서 꾸러미]를 클릭합니다. 꾸러미의 왼쪽은 라벨 회사와 종류가 나와 있고 우측엔 세부 이름들이 나옵니다. 확인했던 라벨 이름인 Formtec 사를 클릭합니다. 우측 세부 이름

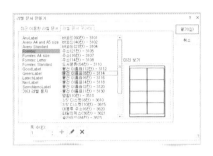

을 내리다 보면 3114, 물건 이름표(8칸)이라는 라벨 문서 양식이 나옵니다. 열기를 클릭하면, 해당 라벨지 양식이 자동으로 열립니다.

④ 라벨지 양식에 빨간색 점선이 나오지만 라벨지에 하나의 칸을 구별하기 위해 존재하는 것으로 실제 인쇄했을 때는 나타나지 않습니다. 각각의 칸에 인쇄하고 싶은 내용을 입력합니다.

⑤ 내용 입력이 끝나면 프린터 인쇄 용지함에 인쇄할 수만큼의 라벨지를 넣어줍니다. 이때 방향을 정확하게 하지 않으면 전혀 다른 곳에 인쇄될 수 있으니, '포스트잇에

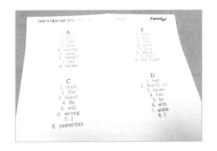

인쇄하기'에서처럼 인쇄 방향이 어떻게 되는지 화살표로 표시하고 테스트 인쇄를 한 번 해보는 것을 추천합니다. 방향에 맞게 인쇄를 하면 위 사진처럼 라벨지에 내용이 인쇄가 됩니다.

⑥ 인쇄된 라벨지를 뜯어서 붙일 곳에 붙여 활용하면 됩니다. 이때 주의할 점은 라벨지의 접착력이 생각보다 강하기 때문에 모서리 일부분을 아래 사진처럼 접어 붙여야 나중에 편하게 뗄 수가 있습니다.

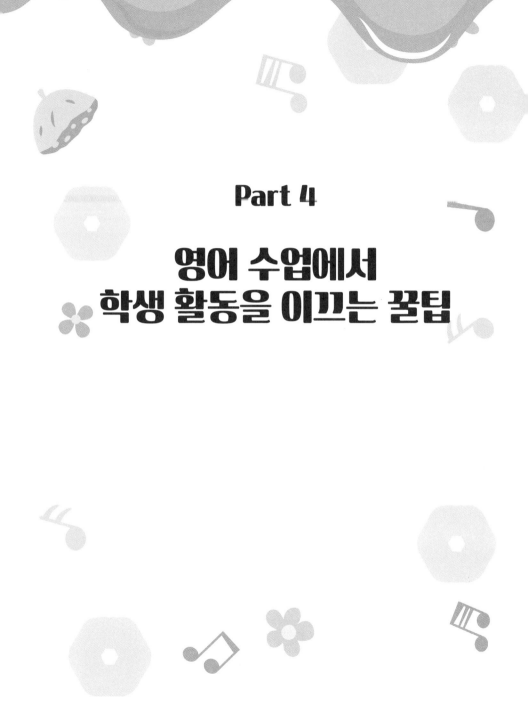

# Part 4

# 영어 수업에서
# 학생 활동을 이끄는 꿀팁

# 학생이 직접 만드는 단어카드
## - 타이포그래피 활동

### <이런 상황에서 활용>

'타이포그래피typography'는 글자를 이용한 디자인 활동을 나타냅니다. 영어 단어의 의미를 영어 알파벳과 그림을 함께 나타내면서, 글과 이미지를 체계화하여 기억력과 이해력을 키울 수 있는 비주얼 씽킹, 시각적 사고 방법이라고 할 수 있습니다.

### <어떻게 할까요?>

타이포그래피 활동을 초등 영어 수업시간에 적용할 수 있습니다. 보통 영어 수업시간에 제공되는 영어 단어 플래시 카드는 한쪽 면에 글자가 적혀 있고 반대쪽 면에 그림이 나오는 형태가 대부분이기 때문에, 각 단원 학습을 할 때 타이포그래피로 제작된 영어 단어카드를 활용하여, 좀 더 학생 참여 중심적인 수업을 전개할 수 있습니다.

학생들에게 A4 용지를 주고 각 단원에 새롭게 등장하는 단어 중에서 자신이 표현하고 싶은 단어를 골라보며 자연스럽게 해당하는 영어 단어의 뜻을 찾아보게 합니다. 그리고 그 단어의 뜻과 알파벳을 글과 그림이 함께 들어가게 디자인하는 활동을 합니다. 학생은 각자 자신이 표현하고 싶은 단어를 아래와 같이 타이포그래피 형태로 표현합니다.

완성된 작품은 수업시간에 다양하게 활용할 수 있고, 교실의 벽면 또는 게시판 등에 전시할 수도 있습니다. 또 스캔하여 파일로 활용할 수 있습니다. 나아가 학생 스스로 가장 인상적인 작품을 뽑아보는 명예의 전당 등의 활동으로도 활용할 수 있습니다.

타이포그래피 활동을 할 때 주의사항으로 첫 번째, 글씨를 디자인하는 것에 중점을 두어야 하며, 그림을 그리는 것은 추가적인 것입니다. 간혹 학생 중에 타이포그래피 활동을 오해하고 그림 그리는 것에만 몰두하는 경우가 있습니다.

두 번째, 처음에는 꼭 연필로 디자인을 하고 나서, 특히 단어의 알파벳이 맞는지 확인을 하고 나서 색을 칠해야 합니다.

세 번째, 해당 단어에는 외곽선을 칠하고 크고 진하게 그려야 칠판에 부착했을 때 멀리서도 확인할 수 있습니다.

타이포그래피 활동은 단원의 시작 전에 해당 단원에 선생님이 사용할 단어카드로 활용하기 위해서 활동해도 좋고, 단원이 끝나고 나서 단어를 복습하기 위한 정리 활동으로 해도 좋습니다. 학생들의 창의성과 다양성을 이 활동을 통해서 확인할 수 있습니다. 또한 학생들은 자신의 작품이 칠판에 붙어 있거나 교실 내 게시판 등에 걸렸을 때 상당히 뿌듯해합니다. 간혹 학생의 작품 중에 철자가 틀린 경우가 있는데, 그럴 경우 틀리기 쉬운 철자 형태로 짚어주고 넘어간다면 효과적인 영어 수업이 될 수 있습니다. 학생들의 작품은 가능하면 모두 스캔하여 학급 홈페이지 등을 통해 사진 파일을 전송해주는 것이 좋습니다. 요즘은 교무실 등에 고속 스캐너가 있는 경우가 많으므로 손쉽게 학생들의 작품을 스캔할 수 있습니다.

# 꿀팁 31

# 단순하면서도 재미있는 단어 학습 활동 Memory Match Game

<이런 상황에서 활용>

교과서 부록 카드나 학습용 카드가 있어도 좋고, 없다면 '쏙쏙 단어카드'를 학생에게 나눠주고 아주 빠르고 간단하게 단어 학습 활동을 할 수 있습니다.

<어떻게 할까요?>

영어 수업을 하다 보면 단어를 학습해야만 하는 상황이 많습니다. 이때 영어 단어를 조금 더 재미있게 게임을 통해서 듣고, 말하고, 읽고, 쓸 수 있는 것이 바로 '기억 짝 맞추기' 놀이입니다. 교과서 부록 카드나 학습용 단어카드가 있다면 그걸 활용해도 좋습니다. '쏙쏙 단어카드'를 활용하면 학생들이 직접 단어를 써보고 그 쓴 단어를 가지고 게임할 수 있습니다. 게임 방법은 아주 간단하지만 학생들이 은근 재미있어 합니다.

① 학생들에게 비어 있는 쏙쏙 단어카드를 나눠줍니다. 이 게임은 4명 1그룹 활동으로 적절하기 때문에 그룹별로 나눠주면 됩니다. 이 활동을 할 때 학습할 단어가 8개라면 짝을 맞추어야 하므로 16장의 카드를 나눠주면 됩니다. 학생들은 분담하여 8개의 단어를 2번씩 씁니다. 이때, 똑같이 영어로 2개를 써도 좋지만, 하나에는 그림을 그리고 다른 하나에는 단어를 쓰거나, 하나에는 영어로 쓰고 다른 하나에는 한글 뜻을 적어도 좋습니다.

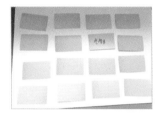  

② 16장의 카드를 섞어서 뒤집어 배열합니다. 설명할 때 카드를 4x4 형태로 가지런히 배열하는 모습을 보여주면 좋습니다.

③ 각 그룹에서는 순서를 정합니다. 첫 번째 학생이 카드를 1장 뒤집고 단어를 확인합니다. 뒤집은 단어를 영어로 말해야 합니다. 설명을 할 때 만약 잘 못 읽는 친구가 있다면 도와줘야 한다고 언급을 하는 것이 좋습니다.

④ 그리고 1장을 더 골라서 뒤집고 단어를 확인 후 영어로 말합니다. 만약 2장의 단어가 같다면 2장의 카드를 얻습니다. 2장의 단어가 다르다면 다시 안 보이게 뒤집어서 원래 그 자리 그대로 내려놓아야 합니다. 간혹 순서를 중간에 섞어버리는 학생들이 있으므로 강조해줍니다. 이건 Memory Match Game이기 때문에

그 카드의 자리를 기억해야 합니다.

⑤ 다음 학생이 1장을 뒤집어서 단어를 말하고 또 다른 1장을 뒤집어서 단어를 말합니다. 만약 같은 단어의 카드가 나오면 뽑은 학생이 가져가면 되고, 맞혔다고 한 번 더 하지 않고 다음 사람으로 넘어갑니다. 맞혔다고 한 번 더 하는 규칙을 적용하게 되면 게임이 끝날 무렵에 한 명이 독점해서 카드를 다 가져가는 경우가 종종 발생하기 때문입니다.

이 규칙을 설명할 때 가장 중요한 것은 꼭 영어로 말해야만 카드를 가져갈 수 있고, 읽는 게 어려운 친구는 도와줘야 한다는 점입니다. 간혹 게임에만 집중을 하다가 단어 학습이 아닌 카드 맞히기 게임으로 변질될 수 있으므로 선생님은 학생들이 단어를 말하는지 잘 확인해야 합니다. 선생님이 직접 카드를 만들어 줄 때는 쏙쏙 단어카드와 27칸 라벨지를 활용하여 제작하면 간편합니다.

## 꿀팁 32

# 공 하나만 있어도 할 수 있는 패스더볼 활동 (듣기/말하기)

<이런 상황에서 활용>

[듣기/말하기] 활동을 할 때 공만 있어도 즐겁게 활동할 수 있는 패스더볼입니다. 주로 대화 패턴을 연습할 때 많이 하는 활동 중 하나입니다.

<어떻게 할까요?>

패스더볼 활동은 '폭탄 돌리기' 놀이처럼 학생들이 신나는 음악에 맞춰서 공을 돌리다가 음악이 순간 멈추면 공을 들고 있던 학생은 술래가 되어서 문장을 묻거나 답해야 하는 활동입니다. 신나는 음악을 한두 곡 준비해서 <재생/일시정지> 형태로 해도 좋습니다. Waygook 사이트를 잘 찾아보면 패스더볼 PPT가 아주 잘 되어 있어서 그것을 활용해도 됩니다.

패스더볼을 진행하는 방법은 먼저 전체 학생이 둘러앉아서 공을 돌립니다. 이때 공 돌릴 때는 던지는 것이 아니라 옆에 사람에게 전달하는 형태로 진행하는

데, 던지는 형태로 하면 공 던지기 놀이가 될 수 있기 때문입니다. 또한 공을 정확히 상대방의 손에 전달해야 합니다. 노래가 멈추면 공을 들고 있지 않은 학생들은 선생님의 3-2-1에 맞춰서 오늘의 핵심 표현을 '질문'합니다. 그럼 공을 가지고 있는 학생은 해당하는 '대답'을 하면 됩니다. 이때 대답은 PPT로 제시하거나 칠판에서 선택을 하게 해도 됩니다. 이는 선생님의 방향성에 따라 적절히 수정 변형하면 됩니다.

학생 수가 20명이 넘는다면 전체 학생이 함께 패스더볼을 할 때 약간 정적인 느낌이 있을 수 있습니다. 그럴 때는 공을 동시에 2개가 돌아가는 방법도 있습니다. 또는 그룹별 패스더볼을 할 수 있습니다. 앉은 자리를 기준으로 4명 1그룹에서 각 그룹별로 공을 한 개씩 주고 공을 돌리는 패스더볼을 할 수 있습니다. 그룹별 패스더볼을 할 경우 상당히 동적인 활동이 됩니다. 다만, 교사가 각 그룹의 발화를 확인하기 어려워서 적절한 피드백을 주기가 어렵다는 단점이 있습니다.

실제로 패스더볼 활동을 진행하는 저의 일상 수업 영상 주소입니다.

https://blog.naver.com/bsgyo/221425118103

# 🐝 꿀팁 33

# 교과서 부록 카드만 있으면
# 할 수 있는 Guessing 카드놀이
# (듣기/말하기)

### <이런 상황에서 활용>

교과서의 부록 카드 또는 간단하게 카드 크기의 학습지를 제작하여 학생들이 듣기 말하기 활동을 할 수 있습니다. 이름은 Guessing 카드놀이입니다. 주로 1차시나 2차시 [듣기/말하기]에 중점을 두는 시간에 활용할 수 있습니다.

### <어떻게 할까요?>

부록에 있는 카드 또는 단원의 주제에 등장하는 표현들이 들어 있는 카드를 준비합니다. 표현이 6~10가지 정도가 있어야 좋습니다. 학생 한 명당 모든 종류의 카드를 가질 수 있을 정도로 카드의 개수를 넉넉하게 준비합니다. 처음 시작할 때는 학생 한 명당 한 개의 카드를 들고 활동합니다.

 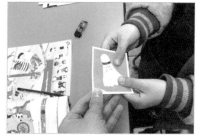

이동을 하다가 친구를 만나면 가위바위보를 합니다. 이긴 학생은 진 학생에게 핵심 표현을 활용하여 진 학생이 가지고 있는 카드를 추측하여 질문합니다. 이때 진 학생은 자신이 가지고 있는 카드를 맞혔으면 "Yes"와 관련 있는 대답을 하고, 틀렸으면 "No"와 관련 있는 대답을 합니다. 이긴 학생이 맞혔을 때는 진 학생이 가지고 있는 카드를 이긴 사람에게 줘야 합니다.

이긴 학생은 카드가 2개가 되었으므로, 그중에서 자신이 사용할 카드 하나만 손에 들고(가리고) 다른 카드는 주머니 등에 보관합니다. 진 학생은 카드가 없기 때문에 선생님께 가서 새로운 카드를 1장 받으면 됩니다. 학생들이 수행할 미션은 만약 카드의 종류가 6가지라면 6가지 종류의 카드를 다 모으는 것입니다. 모든 종류의 카드를 모은 학생이 나오면 활동을 끝내도 되고, 활동 전에 몇 명 나오면 끝낼지 정해도 좋습니다. 아니면 활동 시간으로 적절히 조절해도 좋습니다.

## 꿀팁 34

# 핵심 표현만 있으면 언제나 할 수 있는 토큰 말하기 활동 (듣기/말하기)

**<이런 상황에서 활용>**

앞서 제시한 Guessing 카드놀이와 비슷하면서도 약간 변형된 듣기 말하기 활동입니다. 가위바위보를 해서 이긴 사람은 질문을 하고 진 사람은 대답을 하는데, 각자 원하는 질문과 원하는 대답을 합니다. 이때 진 사람은 자신이 가지고 있는 토큰을 이긴 사람에게 주어야 합니다. 단원의 핵심 표현 연습으로 활용하기 좋습니다.

**<어떻게 할까요?>**

여기서 토큰은 알파벳 토큰을 추천합니다. 바나나그램스나 알파벳 타일 등에 있는 알파벳 조각들을 활용하면 됩니다. 학생들에게는 3개의 알파벳 조각을 나눠줍니다.

학생들은 그 수업시간의 핵심 영어 표현으로 친구와 대화를 주고받습니다. 가위바위보를 해서 이긴 사람이 질문하면 진 사람은 대답을 합니다. 진 사람이 대답을 하고 나서는 알파벳 타일 한 개를 이긴 사람에게 줍니다. 이때 학생들이 말해야 할 핵심 표현은 칠판이나 화면에 제시해줍니다.

| | Winner | Loser |
|---|---|---|
| Can I | come in?<br>sit here?<br>go home?<br>play outside?<br>eat it?<br>touch it?<br>play the piano? | Sure, go ahead.<br>Yes, you can.<br>No, you can't. |

만약, 처음 받은 알파벳 토큰 3개를 다 줘서 가지고 있는 알파벳 토큰이 없을 경우, 선생님에게 오게 합니다. 선생님은 그냥 3개를 채워줘도 되지만, 영어로 질문, 대답 등을 상황에 맞게 진행하고 3개를 준다면 더욱 유의미한 활동이 됩니다. 적절한 활동 시간이 경과되면 활동을 종료합니다. 알파벳 타일을 사용하는 이유는 이 활동 이후에 추후 활동도 가능하기 때문입니다. 시간이나 상황에 따라서

학생들이 모은 알파벳 토큰을 그룹별로 모아서 영어 단어 만들기 활동을 진행해도 좋습니다. 그날 배운 핵심 표현들과 같은 특정 영어 단어를 제시해도 좋고, 학생들이 자유롭게 영어 단어 만들기를 해도 효과적입니다.

# Five Up, Heads Up 게임으로
# 핵심 표현을 익히세요
## (듣기/말하기)

&lt;이런 상황에서 활용&gt;

[듣기/말하기]를 전체 활동으로 진행할 때 학생들의 추측하는 재미를 더해줄 수 있는 게임입니다. 학생들은 자신에게 카드나 물건을 놓아 둔 학생을 추측하면서 영어 표현을 좀 더 재미있게 발화할 수 있습니다.

&lt;어떻게 할까요?&gt;

원래 'Heads Down, Thumbs Up'이라는 게임에서 왔습니다. 영어 수업이 아닌 상황에서 가볍게 놀이 형태로도 진행이 가능합니다. 기본 형태는 선생님이 뽑은 5~7명의 학생이 칠판 앞에 나와 서 있고, 나머지 학생은 고개를 숙이고(눈을 감고) 양 엄지손가락을 치켜세웁니다. 칠판 앞에 나와 서 있던 학생은 선생님이 신호를 보내면 고개를 숙이고 양 엄지손가락을 세우고 있는 친구에게 몰래 다가가서 엄지손가락을 지긋이 잡아서 눌러줍니다.

5~7명의 학생이 모두 엄지손가락을 눌렀으면 해당 학생은 다시 칠판으로 돌아오고, 선생님의 신호로 엎드려 있던 모든 학생이 일어납니다. 이때, 엄지손가락이 접힌 학생은 누가 자신의 엄지손가락을 잡아서 눌렀는지 맞히는 게임입니다. 이 기본 게임을 영어 수업에 적용할 수 있습니다. 손가락 대신에 핵심 표현에 해당하는 '카드'를 준다거나, '물건'을 주고 맞히는 형태로 진행 가능합니다.

① 먼저 5명을 뽑아서 교실 앞으로 나오게 합니다. 나머지 학생들은 눈을 감고 책상에 머리를 숙입니다. 그리고 5명의 학생에게 준비한 카드를 나눠줍니다.

② 5명의 학생은 돌아다니면서 조용히 몰래 임의의 학생 자리에 카드를 올려 놓습니다.

③ 5명의 학생이 모두 카드 올려두고 다시 칠판 앞으로 돌아오면 나머지 학생은 눈을 뜨고 일어납니다.

④ 일어난 학생 중에서 카드를 받은 학생은 자신에게 카드를 올려둔 학생이 누구인지 맞힙니다.

⑤ 이때 카드를 받은 학생이 카드를 준 것 같은 친구를 지목하고, 핵심 영어 표현으로 질문합니다. "Do you like baseball?"

⑥ 지목을 받은 학생은 자신이 카드를 올려둔 사람이 맞다면 "Yes, I do."라도

답합니다. 틀렸다면 "No, I don't."라고 답합니다. 선생님은 해당 단원이나 주제와 관련 있는 핵심 표현을 이용, 미리 정해두면 됩니다.

⑦ 자신에게 카드를 준 학생을 맞혔으면 맞힌 학생이 칠판 앞으로 가고 대답한 학생은 자리로 돌아갑니다. 틀렸다면 칠판 앞에 나와 있는 학생에게 한 번의 기회가 더 주어집니다.

⑧ 이런 형태로 카드를 받은 학생은 차례차례 정해진 핵심 표현을 말하면서 자신에게 카드를 준 학생을 맞힙니다. 5명이 카드 준 사람 맞히기가 끝나면 한 번 더 진행할 수 있습니다.

⑨ 앞에 5명의 학생들이 나와 있으면 나머지 학생은 눈을 감고 엎드리고, 5명의 학생에게 카드를 나눠주고, 학생은 몰래 친구들의 자리에 올려두고 돌아오는 방식으로 진행하면 됩니다.

---

<활용 Tip>

1. 두 번째 할 때는 카드를 안 받았던 학생에게 주라고 해야 여러 학생에게 기회가 주어질 수 있습니다.

2. 이 활동은 자신에게 카드를 준 친구를 맞히는 것은 흥미 요소이므로, 그것을 맞히고 끝내는 것이 아니라 학생들이 개별 발화를 하고 나면, 이를 다시 전체 패턴 연습으로 해주는 것이 배움의 목적에 도움이 됩니다.

3. 실제로 원어민 선생님과 협력수업으로 5up Heads up 게임을 진행한 일상 수업 영상 주소입니다.

https://blog.naver.com/bsgyo/221405772054

# 간단하게 할 수 있는 빙고, 라인빙고 (듣기/말하기)

### <이런 상황에서 활용>

빙고는 정말 모르는 학생이 없을 정도로 누구나 알고 있는 게임입니다. 많은 선생님이 잘 알고 있듯이 이 빙고 게임도 약간의 변형으로 즐거운 [듣기/말하기] 활동이 가능합니다.

### <어떻게 할까요?>

빙고는 정답을 맞혔을 때도 쓰이는 영어 단어입니다. 저는 그래서 학생들이 대답을 할 때 그 학생에게 "Bingo!"라고 말해주는 편입니다. 학생들도 빙고를 좋아하고 규칙도 간단하므로 수업시간 중에 손쉽게 활용할 수 있습니다. 기본 빙고는 3가지 형태로 준비할 수 있습니다.

## 1. 카드를 활용할 때(듣고 말하기 형태)

학생들은 카드를 3×3 형태로 임의로 배열한 후, 해당 단어가 나오면 뒤집습니다. 이때 그냥 '단어'만 가지고 빙고를 하는 것이 아니라, 주로 핵심 표현과 관련하여 묻고 답하기 형태로 진행합니다.

예 :　(학생) What's your favorite food?

　　　(교사) My favorite food is pizza.

　　　(학생) pizza 카드 뒤집기

## 2. 학습지를 활용할 때(쓰고 듣고 말하기 형태)

학습지를 주고 학생들이 꼭 알아야 할 주요 단어를 직접 임의로 배열하면서 써 봅니다. 이때도 그냥 단어만 가지고 빙고를 진행하지 않고, 핵심 표현과 연결 지어 묻고 답하기 형태로 진행합니다.

예 :　(학생) How much is it?

　　　(교사) It's seventeen dollars.

　　　(학생) 17, seventeen 표시하기

# Make Your bingo card

## Write each number

twelve (12)   thirteen (13)   fourteen (14)

fifteen (15)   sixteen (16)   seventeen (17)

eighteen (18)   nineteen (19)   twenty (20)

|  |  |  |
|--|--|--|
|  |  |  |
|  |  |  |
|  |  |  |

Students : How much is it?

Teacher : It's __ dollars.

학습지로 진행할 경우 같은 빙고판으로 한 번만 할 때는 상관이 없지만, 두 번째, 세 번째 진행할 때는 주의할 점이 있습니다. 학습지로 할 때 학생들이 처음부터 ×로 빙고 칸을 지우면 두 번째, 세 번째 할 수가 없기 때문에 처음에는 네모로 표시하거나 동그라미로 표시합니다. 알파벳 타일이나 바둑돌 같은 것을 위에 올리는 형태로 해도 되지만, 그럴 경우에는 학생들에게 조작거리가 주어져서 빙고 게임 진행에 집중이 안 될 수 있습니다.

## 3. 백지를 활용할 때

수업 시간이 생각보다 조금 일찍 끝나서 카드나 학습지를 준비할 시간이 전혀 없을 때, 즉석에서 학생들은 빈 종이를 받아서 빙고 활동을 할 수 있습니다. 선생님은 학생들에게 칠판이나 교과서에 제시되어 있는 단어나 표현을 정해 빙고판을 만들게 합니다. 주로 가로 3칸, 세로 3칸으로 하는 것이 보통입니다. 학생들은 빙고판을 직접 만들고 활동을 합니다. 마찬가지로, 이렇게 활동할 때도 그냥 '단어'만 외치는 것보다는 핵심 표현의 질문과 대답 형태로 진행하는 것이 더 좋습니다.

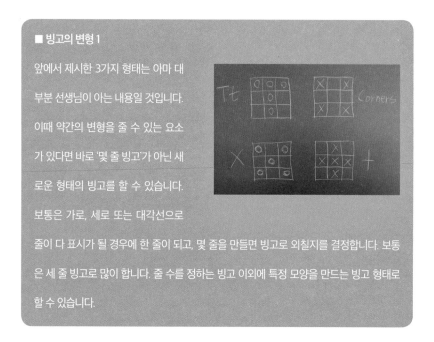

■ 빙고의 변형 1

앞에서 제시한 3가지 형태는 아마 대부분 선생님이 아는 내용일 것입니다. 이때 약간의 변형을 줄 수 있는 요소가 있다면 바로 '몇 줄 빙고'가 아닌 새로운 형태의 빙고를 할 수 있습니다. 보통은 가로, 세로 또는 대각선으로 줄이 다 표시가 될 경우에 한 줄이 되고, 몇 줄을 만들면 빙고로 외칠지를 결정합니다. 보통은 세 줄 빙고로 많이 합니다. 줄 수를 정하는 빙고 이외에 특정 모양을 만드는 빙고 형태로 할 수 있습니다.

위의 사진처럼 T빙고, 코너빙고, X빙고 형태도 가능합니다. 학생들은 위 사진과 같은 형태가

딱 나와야 빙고를 외칠 수 있습니다.

몇 줄 빙고가 아닌 이런 형태의 빙고를 하는 이유는, 몇 줄 빙고의 경우 빙고를 외치는 학생

이 주로 한 명이 되기 쉽지만 X빙고와 같은 형태의 빙고는 동시에 3~4명이 빙고를 외칠 수

도 있는 장점이 있습니다.

### ■ 빙고의 변형 2 (라인빙고 또는 띠빙고)

교과서에 제시된 단어나 표현이 6가지 정도일 경우 또는 학생들에게 더 많은 전체 발화 및

패턴 연습을 하려고 할 때 활용하면 좋습니다. 단어나 그림카드를 한 줄로 나열하고, 해당되

는 단어나 그림이 나오면 그 카드가 양쪽 바깥에 있을 때만 제거할 수 있습니다. 모두 다 제

거되면 '빙고'를 외치는 방식입니다. 교과서 부록에 카드가 있는 경우 아래처럼 활용을 하면

됩니다.

만약 교과서에 따로 없으면 아래처럼 '학습지' 형태로 만들어서 학생들이 직접 잘라서 활동

하면 됩니다.

라인빙고는 '띠빙고'라고도 부르는 활동입니다. 단어카드나 그림카드가 6개 정도일 때 적당합니다. 학생들은 단어카드나 그림카드를 가로 한 줄로 단어나 그림이 보이게 배열합니다. 학생들이 핵심 표현을 선생님께 질문합니다.

예 :    (학생) What do you do?

        (교사) I'm a teacher.

이때 'teacher'라는 단어카드가 양쪽 맨 끝에 있는 학생들만 그 카드를 제거할 수 있습니다. 예를 들어 아래 사진처럼 배열되어 있을 때, 'Police officer'가 나오면 경찰관 카드를 제거할 수 있지만, 'singer'가 나오면 가수 카드를 제거할 수 없습니다.

자신이 가진 카드가 모두 제거되면
'빙고'라고 외치면 됩니다. 이 활동은
주로 1차시 <듣기/말하기>가 위주가
되는 시간에 가볍게 하는 것이 좋습
니다. 여러 학생에게 기쁨을 주고 싶
다면, 특정 단어 1개를 정해 끝까지 말

하지 않고 다른 것만 계속 말합니다. 마지막에 말하지 않았던 그 특정 단어 1개를 말하면, 동시에 모든 학생이 '빙고'를 외칠 수 있는 기회를 줄 수 있습니다.

## 꿀팁 37

# 손쉽게 적용 가능한
# 베스킨라빈스31
# (읽기)

### <이런 상황에서 활용>

[읽기 활동을 더 즐겁게 할 수 있습니다. 학생들이 돌아가면서 줄글을 읽습니다. 이때 단어를 1~3개까지만 읽을 수 있습니다. 마지막 단어를 말하면 지는 게임 활동입니다. 평소 발화를 해본 기회가 별로 없는 학생들도 공평하게 읽을 기회가 주어집니다.

### <어떻게 할까요?>

베스킨라빈스31 게임의 공식 명칭은 '님(Nim)' 게임으로 수학적 전략 게임이라고 불립니다. 1부터 31까지 숫자를 외치는데, 외칠 수 있는 숫자의 개수가 1개, 2개, 3개 중에서 골라서 외쳐야 하는 게임입니다. 실제 초등 수학 교과서에도 바둑알 가져가기 또는 성냥개비 가져가기 등의 활동으로 제시가 된 적이 있습니다.

숫자를 외치는 대신 영어 단어를 읽어갑니다. 이 활동은 학생들이 번갈아 가면서 읽기 활동에 참여하며 흥미를 가지고 읽을 수 있다는 장점이 있습니다. 다만, 단어 위주로 읽기가 되므로 주 활동보다는 가볍게 적용하는 보조 활동으로 적당하며, 그룹별로 진행하는 것이 좋습니다. 학습지

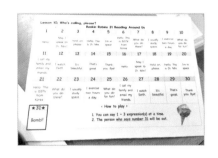

로 제작해서 옆의 그림처럼 1부터 30까지 교과서 문장을 나눠서 쓰고, 마지막 31에는 'bomb!'이라고 표시합니다.

학생들은 돌아가면서 1~3개까지 본인이 말하고 싶은 단어 수만큼만 읽습니다. 마지막에 'bomb!'을 말하면 아웃됩니다. 가볍게 적용할만한 활동이기 때문에 학습지를 제작하는 것보다 책에 나온 본문을 가지고 적용할 수 있는 방법도 있습니다. 위

[출처 : 2009 개정 교육과정 YBM(최) 초등학교 5학년 영어 교과서 10단원 일부]

의 교과서 본문 사진을 참고로 살펴보면 맨 마지막 단어는 'Bye!' 입니다. 따라서 'Bye!'를 말한 사람이 'Bomb!(아웃)'이 되는 것입니다. 이는 학생들이 베스킨라빈스31의 규칙을 알고 있을 때 적용 가능한 방법입니다. 학생들이 가볍게 본문 내용을 읽는 연습을 할 때 적용할 수 있습니다. 여기서 주의할 점은 영어를 잘 못 읽는 학생이 있기 때문에 친구가 도와주더라도 본인이 직접 읽어야 '인정'이라고 해주는 것입니다. 그냥 본문을 읽으면 학생은 흥미도가 떨어지고, 소리 내서 읽지 않고 마음으로만 읽기도 합니다. 학습지를 미리 준비하면 좋겠지만, 굳이 없더라도 책을 보면서 조금 더 재미있게 읽을 수 있는 방법이 됩니다.

## 꿀팁 38

# 짝과 함께 협력 활동인
# 러닝딕테이션
# (읽기/쓰기)

### <이런 상황에서 활용>

[읽고/쓰기] 활동에서 학생들이 정말 좋아하는 러닝딕테이션 활동이 있습니다. 저는 러닝딕테이션<sup>Running Dictation</sup>을 워킹딕테이션<sup>Walking Dictation</sup> 또는 뛰지 말고 걷기 활동으로 부르기도 합니다.

### <어떻게 할까요?>

선생님은 수업 시작 전에 미리 영어 단어나 문장 힌트를 교실 곳곳에 붙여놓습니다. 학생들은 짝과 함께 활동합니다. 한 명은 앉아서 받아쓰는 사람, 다른 한 명은 교실을 찾아다니며 읽고 외워오는 역할을 합니다. 이때 중간중간 역할을 바꿔도 됩니다. 이 활동은 짝 활동으로 진행하기 때문에 학생들은 짝꿍당 하나의 학습지를 받습니다. 선생님은 활동 전에 미리 힌트 또는 정답을 교실 곳곳에 잘라서 붙여놓습니다. 학생들은 두 사람 중에서 한 명은 Runner(Walker)가 되고,

한 명은 Writer가 되어서, 보고 와서 불러주면 다른 한 명이 쓰는 방식입니다. 학생 수가 홀수일 경우 3명이 한 팀이 되어서 활동해도 괜찮습니다.

선생님은 빨리 끝낸 학생의 학습지에서 오류를 확인해줍니다. 생각보다 정말 많은 학생이 사소하게 많이 틀리는 편입니다. 대문자나 문장 부호는 물론이고, 알파벳 철자도 틀리는 경우가 많으니 잘 확인해야 합니다. 학생들의 활동이 어느 정도 끝나면 다 함께 정답을 확인합니다. 선생님이 확인했을 때 학생들이 많이 틀린 단어나 문장을 그대로 칠판에 적고, 학생들과 함께 오류 수정을 해도 좋습니다.

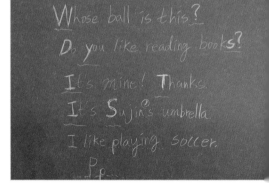

<활용 Tip>

1. 배경음악으로 신나는 노래를 틀어주면 좋습니다.

2. 짝 활동이 잘 안 되는 하위 학습자가 있을 경우 의도적으로 3명을 한 팀으로 묶어서 진행하는 것도 좋습니다.

3. 오류를 확인해 줄 때 답을 고쳐주지 않고 표시만 해서 학생이 직접 오류를 찾게 하는 것이 좋습니다. 옆의 사진처럼 주로 대문자나 문장 부호에서 오류가 많이 생기는 편입니다.

# 협동형 ABCD 단어 조합,
# 문장쓰기 활동이 좋아요
# (읽기/쓰기)

<이런 상황에서 활용>

러닝딕테이션과 비슷한 느낌이지만, 4명의 학생이 협동해서 하는 활동입니다. 선생님은 A, B, C, D 총 4개의 정답판을 교실 4곳의 장소에 붙여둡니다. 학생들은 4명이 한 그룹이 되며 앉은 자리를 기준으로 A, B, C, D를 부여받습니다. 선생님이 '숫자'를 외치면 학생들은 각자 자기의 정답판에 가서 해당 숫자의 '힌트'

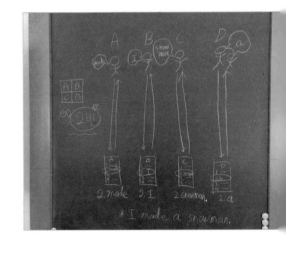

단어를 보고 와서 4장소의 '힌트'를 조합하여 문장을 완성하여 씁니다.

① 4명의 학생을 하나의 그룹으로 정합니다.

② 팀당 화이트보드를 하나씩 나눠줍니다. 학생 수가 딱 맞아떨어지지 않을 경우 3명이 한 그룹으로 하여 1명이 두 가지 역할을 해도 됩니다. 또는 5명을 한 그룹으로 하여 2명이 한 가지 역할을 해도 됩니다.

③ 앉은 자리를 기준으로 A, B, C, D를 부여받습니다. 3명인 경우 1명의 학생 (약간 상위 학습자)이 2개를 부여받아도 좋습니다. 학생 수가 1명 또는 2명이 남을 경우, 다른 그룹에 보내서 5명을 한 그룹으로 만듭니다. 5명 1그룹일 경우 2명이 하나의 역할을 맡으면 됩니다. 극단적 하위 학습자에게 붙여주면 좋습니다.

④ 선생님은 아래와 같이 A, B, C, D 정답판(또는 힌트판)을 만들어 네 군데의 장소에 붙여두면 됩니다. 이때 대문자와 문장 부호를 표시해주면 학생에게 도움이 됩니다.

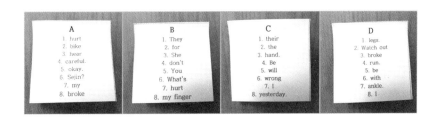

⑤ 각 번호별로 하나의 문장이 조합되는 것입니다. 위의 정답판을 기준으로 보면 총 8개의 문장으로 정답판을 만든 것입니다.

⑥ 선생님이 '번호'를 불러주려면 각각의 학생은 자기에게 해당하는 정답판에 가

서 해당 번호의 단어를 보고, 외우고 돌아옵니다. 이때 학생들에게 '대문자',
'쉼표', '마침표' 등을 미리 언급해주면, 학생들이 문장을 조합하여 쓸 때 좀
더 수월하게 수행할 수 있습니다.

⑦ 4명(또는 3명, 5명)의 학생이 돌아와서 단어를 조합하여 문장을 씁니다. 다시
보고 오는 것은 자유롭게 허용해도 좋습니다. 단, 간혹 상위 학습자 중에 본
인이 C인데, B 학습자 수준이 낮다고 해서 직접 보고 오는 경우가 있습니
다. 이런 것을 허용할지, 적절히 차단할지는 선생님이 미리 판단하여 결정
하면 됩니다.

⑧ 각 팀이 어느 정도 문장을 쓰면 정답판을 확인합니다.

&lt;활용 Tip&gt;

1. 학생들은 '머릿속'으로 완벽히 만들어서 문장을 쓰려는 경향이 많이 나타납니다. 일단 자신이 보고 온 것을 적고 나서 '조합'하라고 하면 훨씬 더 문장을 잘 완성합니다.

2. '대문자', '느낌표', '쉼표,' '마침표'는 수없이 말해도 습관적으로 놓치는 학생들이 많습니다.

3. 실제 원어민 선생님과 협력수업으로 학생에게 '처음' 소개하고 활동한 일상 수업 영상 주소입니다.

https://blog.naver.com/bsgyo/221405964910

# 과거동사 ed를 노래로 외우기

영어가 모국어가 아니기 때문에 어쩔 수 없이 외워야만 하는 내용이 많습니다. 그중 동사의 과거형은 정말 외울 것이 많습니다. 특히 초등 4학년부터 등장하는 과거동사 때문에 학생들은 어려움을 겪기도 합니다. 노래를 불러보면서 즐겁게 과거동사를 외우는 활동을 할 수 있습니다.

초등학교에도 동사의 기본형에서 과거동사를 배우는 내용이 나옵니다. 우리말의 쌍시옷을 받침에 붙이면 과거 표현이 되는 것처럼 _ed를 뒤에 붙이면 과거가 된다고 소개를 시작합니다. 하지만 우리말에서는 쌍시옷만 붙이면 되지만, 영어에서는 돌연변이가 참 많다고 이야기합니다. 예를 들면 did, had, went, made처럼 돌연변이가 있습니다. 그래서 동사의 기본형에서 과거형태 규칙 ed와 불규

척 동사를 조금 더 쉽게 외우게 하기 위해 '노래'를 수업시간에 활용할 수 있습니다. 학생들이 가사를 보고 따라 부를 수 있도록 노래 가사 학습지를 만들어 줍니다. 노래 가사는 해당 학년의 단원이나 주제에 등장하는 과거형 동사를 써주는 것이 좋습니다.

아래 사진에서 왼쪽은 4학년, 오른쪽은 5학년 버전입니다. 배경음악은 'Geeks - Officially Missing You(inst)' 버전입니다. 이 내용은 글로는 설명이 부족하므로 실제 노래 영상을 참고하면 도움이 됩니다. 제가 4학년 학생에게 노래 가사를 나눠주며, 처음 소개하고 함께 노래 불러본 저의 일상 수업 영상 주소입니다.

https://blog.naver.com/bsgyo/221406000789

이렇게 노래를 통해서 외우면 학생들은 정말 즐겁게 참여할 수 있습니다. 어느 정도 숙달이 되면 선생님 역할을 하고 싶은 학생에게 선생님 역할을 하게 해도 좋습니다.

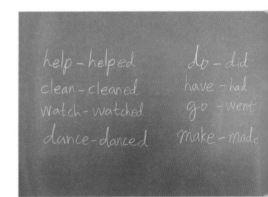

# What did you do yesterday?
## ed (쓰다) 과거 표현

| | | | |
|---|---|---|---|
| 영어가 정말 어렵다. | 하지만 걱정 하지마. | 우리에겐 | Mr. Park 있잖아. |
| 넌 잘할 수 있어. | 넌 정말 할 수 있어. | 그냥 해 보는 거야. | Let's go. |
| 과거형을 배워볼까. | 잘 들어봐~ | 부드러운 소리에는 | 드를 붙여. |
| play  드 | play  드 (played) | watch  드 | watch  드 (watched) |
| wash  드 | wash  드(wahsed) | clean  드 | clean  드 (cleaned) |
| help  드 | help  드 (helped) | dance  드 | dance  드 (danced) |
| 돌연변이는 답이 없어 | 그냥 외워~ | go  went | go  went |
| see  saw | see  saw | have  had | have  had |
| eat  ate | eat  ate | do  did | do  did |
| make  made | make  made | is  was | is  was |
| 노답  (노답) | 노답  (노답) | 노답  (노답) | 노답  (노답) |
| 그럼 시작할까. | Are you Ready? | one  two | three  go. |

| | |
|---|---|
| 나는 야구했어 | I played baseball. |
| 나는 TV 봤어 | I watched TV. |
| 나 영화 봤어. | I watched a movie. |
| 나 강아지 씻겼어. | I washed my dog. |
| 내방 청소 했어. | I cleaned my room. |
| 나 엄마 도와드렸어. | I helped my mom. |
| 나는 춤을 췄어. | I danced. |
| 나는 학교 갔어. | I went to school. |
| 나는 BTS 봤어. | I saw BTS. |
| 최고였어. | I had a great time. |
| 나는 피자 먹었어. | I ate pizza. |
| 너는 무엇을 했어? | What did you do? |
| 나 눈사람 만들었어. | I made a snowman. |
| 최고였어. | It was great. |

| | | | |
|---|---|---|---|
| 넌 할 수 있어. | You can do it. | 난 할 수 있어. | I can do it. |
| (Yeah~) | (Yeah~) | (Yeah~) | (Yeah~) |

# What did you do?

| | | | |
|---|---|---|---|
| 영어가 정말 어렵다. | 하지만 걱정 하지마. | 우리에겐 | Gio Tr가 있잖아. |
| 넌 잘할 수 있어. | 넌 정말 할 수 있어. | 그냥 해 보는 거야. | Let's go. |
| 과거형을 배워볼까. | 잘 들어봐~ | 돌연변이 답이 없어 | 그냥 외워 |
| 갔어.  went | 갔어.  went | 봤어.  saw | 봤어.  saw |
| 샀어.  bought | 샀어.  bought | 먹었어.  ate | 먹었어.  ate |
| 탔어.  rode | 탔어.  rode | 노답  (노답) | 노답  (노답) |
| 부드러운 소리에는 | 드를 붙여. | play  드 | play  드 |
| watch  드 | watch  드 | look  드 | look  드 |
| visit  ㅣ드 | visit  ㅣ드 | bake  드 | bake  드 |
| 글자는 똑같은데 | 소리가 달라. | read  read | read  read |
| 그럼 시작할까. | Are you Ready? | one  two | three  go. |

| | |
|---|---|
| 나는 학교갔어. | I went to school. |
| 나는 친구만났어. | I visited my friend. |
| 나는 피자먹었어. | I ate pizza. |
| 나는 BTS봤어. | I saw BTS. |
| 나는 축구했어. | I played soccer. |
| 나는 카드 샀어. | I bought cards. |
| 나는 빵을 구웠어. | I baked the bread. |
| 나는 별을 봤어. | I looked at the stars. |
| 나 보트 탔어. | I rode on a boat. |
| 나 책을 읽었어. | I read a book. |
| 나 영화를 봤어. | I watched a movie. |
| 최고였어. | It was great. |

| | | | |
|---|---|---|---|
| 넌 할 수 있어. | You can do it. | 난 할 수 있어. | I can do it. |
| (Yeah~) | | | |

160

# 음식 관련 주제를 활용하세요
## – 한식당 차리기 활동

**<이런 상황에서 활용>**

초등 영어 교과서에 제시된 단원을 살펴보면 정말 간단하게 학생들이 역할극을 하듯이 미션을 수행하게 하는 학생 참여형 프로젝트 수업을 구상해볼 수 있습니다. 특히, 음식과 관련 있는 주제가 나왔을 때는 '한식당 차리기' 활동을 할 수 있습니다.

<어떻게 할까요?>

"May I take your order?" 등과 같이 주문을 받는 표현이 나오는 단원이나, "Do you like some pizza?" 등과 같이 음식이 나오는 단원에서 활용할 수 있습니다. 학생들은 식당을 차리고 주문을 받는 웨이터와 주문하는 손님 역할을 모두 할 수 있습니다. 한차시의 흐름을 아래와 같은 순서로 진행 가능합니다.

① 외국 식당에서 지켜야 할 예절에 관한 영상

② 식당 이름 / 규칙 / 역할

③ 대사 연습하기

④ 식당을 다니면서 주문하기 미션 수행

⑤ 활동 종료 후 리뷰 및 피드백

■ 선생님이 미리 준비해야 할 것

각 그룹별 가게 이름 종이 1장, 가게용 메뉴판 3장, 음식 스티커 라벨지 1장, 1달러짜리 모형 지폐 약 10장, 개인별 미션 학습지

메뉴판은 음식 메뉴와 대사를 함께 보이게 만듭니다.

■ 활동 진행 방법

## 1. 외국 식당에서 지켜야 할 예절에 관한 영상

학생들과 먼저 외국 식당에서 지켜야 할 예절에 대해서 이야기해 봅니다.

## 2. 식당 이름 / 규칙 / 역할

각 그룹별로 자신들의 식당 이름을 짓습니다. 외국에도 한식당이 있기 때문에 영어 이름, 한글 이름 모두 허용하는 것도 좋습니다. 각자의 규칙과 역할을 이야기합니다. 4명 1그룹일 경우, 각 그룹에서는 순서를 정합니다. 1번부터 4번까지 순서를 정해서 먼저 1, 2번 학생이 '손님' 역할로 다른 식당에 가서 미션을 수행합니다. 3, 4번 학생은 자신이 속한 그룹의 식당에서 웨이터 역할을 하면 됩니다. 1, 2번 학생 중 미션이 먼저 끝난 학생이 3번 학생과 교대하여 웨이터 역할을 합니다. 그다음 끝난 학생이 4번 학생과 교대를 해줍니다. 이 형태로 진행을 하면 모든 학생이 손님 역할과 웨이터 역할 두 가지 모두를 경험할 수 있습니다. 이 주제는 식당에서 메뉴를 고르고 주문하는 형태이다 보니 메뉴의 가격은 중요도가 낮습니다. 따라서 모든 메뉴의 가격을 1달러로 통일하였습니다. 금액 때문에 생기는 사소한 문제를 완전 차단하면서 음식 메뉴와 주문에 관한 영어 표현에 더 집중할 수 있습니다.

## 3. 대사 연습하기

웨이터 역할과 손님 역할의 대사를 연습합니다. 이때 가능하면 각 그룹 학생들끼리 자체적으로 연습할 시간을 줍니다.

## 4. 식당을 다니면서 주문하기 미션 수행

위의 2번 규칙과 같이 각 학생들은 손님 역할 미션지를 수행합니다.

## 5. 활동 종료 후 리뷰 및 피드백

모든 학생의 미션이 끝나면 학생들과 함께 활동에 대한 피드백을 합니다.


아래 그림은 미션 학습지입니다. 각 식당별로 이름을 쓸 수 있게 하였고 자신이 먹은 메뉴를 붙일 수 있는 공간을 마련하였습니다. picture와 water의 경우 사진을 찍어도 되는지, 물을 무료로 마셔도 되는지에 대한 그 식당의 규칙에 따라서 적용합니다. review의 경우 학생들이 대화를 주고받을 때 대화문을 안 보고 말하면 〈great〉, 읽으면서 말하면 〈good〉입니다. 〈okay〉는 상대방의 도움을 받았을 때입니다. 〈okay〉 대신에 〈help〉를 사용해도 좋습니다. 미션 학습지의 아래에는 대화문을 함께 넣어주면 학생들이 영어로 대화를 주고받을 때 더 도움이 됩니다.

---

**Lesson 5. May I drink some water ?**

5th grade, Class _____, Number _____, Name _____

배 터쳐 손님 미션 / Help yourself 많이 드세요 / 학습지

| | | picture | water | review |
|---|---|---|---|---|
| Restaurant ( ) | menu ( ) | O / X | O / X | great / good / okay |
| Restaurant ( ) | menu ( ) | O / X | O / X | great / good / okay |
| Restaurant ( ) | menu ( ) | O / X | O / X | great / good / okay |
| Restaurant ( ) | menu ( ) | O / X | O / X | great / good / okay |
| Restaurant ( ) | menu ( ) | O / X | O / X | great / good / okay |

Waiter: Welcome to ( Restaurant Name ).
    **Customer:** Hello. / Hi.
Waiter: May I take your order?
    **Customer:** Yes, please. May I have some ( menu )?
Waiter: Sure. / Yes, you may. / Here you are. Help yourself.
    **Customer:** May I take a picture? / May I drink some water?
Waiter: Sure. / Yes, you may. / Sorry, you can't. / No, you may not.
    **Customer:** (평가) It's ( great / good / okay ). (돈을 내며) Here you are.
Waiter: Thanks. / Thank you. / Bye-bye. / See you later.
    **Customer:** Bye-bye. / See you later. /

아래 사진은 학생들의 식당 이름 예시입니다.

메뉴 음식은 가능하면 라벨지를 이용하여 컬러 인쇄하는 것이 조금이라도 더 현실감이 있고, 1달러 모형 지폐도 활용하면 좋습니다.

학생들이 미션을 수행하면 아래 학생의 학습지처럼 메뉴를 다 붙이게 됩니다.

## 꿀팁 42

# 물건값을 묻는 주제라면?
# - 시장놀이

<이런 상황에서 활용>

영어 교과서에서 안 빠지고 등장하며 학생들이 정말 좋아하는 주제입니다. 물건 값을 묻고 답하는 내용입니다. 물건값 맞히기 활동도 할 수 있으며, 실제로 물건을 가져와서 경매 활동을 할 수도 있습니다. 하지만 학생들의 만족도가 가장 높은 활동은 역시 시장놀이입니다.

<어떻게 할까요?>

시장놀이는 선생님이 준비할 자료가 좀 많긴 하지만, 학생들의 만족도나 참여형 수업, 그리고 목표 달성을 위해서 상당히 괜찮은 활동입니다. 선생님께서 준비할 자료를 정리하면 다음과 같습니다.

## 1. 판매자 대본 및 가게 이름

판매자가 참고해서 말할 수 있는 대본이 필요하고, 가게 이름은 해당 가게 뒤쪽에 부착하거나 홀더 같은 것을 이용하여 세울 수 있습니다. 판매자 대본은 아래 사진처럼 A4 파일 속지 같은 곳에 넣으면 굳이 코팅하지 않아도 여러 번 활용 가능합니다.

## 2. 모형 돈

교과서 내용 중에서 달러를 사용하는 경우가 있고 원을 사용하는 경우도 있습니다. 2학년이나 3학년 수학 교과서의 붙임딱지에 모형 원화 화폐가 있는 경우가 있습니다. '달러'의 경우 Cash Pax라는 자료도 있고, 인터넷 쇼핑몰을 찾아보면 1달러 지폐 뭉치만을 따로 팔기도 합니다.

## 3. 물건카드

학생들이 물건을 구입했을 때 그 물건은 실제 물건이 아닌 컬러 인쇄된 라벨지로 받게 됩니다. 혹시 라벨지가 여의치 않으면 A4 용지에 물건을 컬러 인쇄하여 가게별로 물건 카드를 잘라서 담아주면 학생이 풀로 붙이면서 활용하면 됩니다.

## 4. 물건 구입 미션 학습지

물건을 구입하는 학생은 아래 학습지를 들고 다니면서 미션에 적힌 다른 물건도 구입해야

합니다. 이렇게 학생이 어떤 물건을 사게 정해주는 것이 학생의 혼란과 특정 물건의 품절을

막을 수 있습니다. 그리고 대본도 아래에 넣어주면 학생들이 참고할 수 있습니다.

## 5. 교실 자리배치

최대한 원래 책상 배열을 건드리지 않고, 필요한 5개의 가게를 위해서 5장소만 만들어주면

됩니다. 수업 시작 전에 5개의 장소를 마련해 두고 가게 이름만 표시합니다.

## 6. 동기유발 자료 사진

동기유발을 위해 실제 학생이 삶에서 경험해 볼만한 내용을 찾아 볼 수 있습니다. 서울글로

벌센터에서 외국인 벼룩시장이라는 것을 개최하기도 했습니다. 이런 장소에 가면 외국인이

물건을 팝니다. 학생들과 이런 외국인 벼룩시장에 왔다는 가정으로 시장놀이를 하겠다고 이

야기하면 됩니다.

[출처 : 서울글로벌센터 홈페이지,
갤러리, 제3회 외국인 벼룩시장
(Foreigners' Flea Market)]

<활용 Tip>

시장놀이를 학생들이 즐겁고 효율적으로 진행하기 위한 팁(학생들에게 말하듯이 작성했습니다.)

① 선생님이 오늘 시장놀이는 어떻게 진행하면 되는지 설명하겠습니다. 설명을 하는 동안 듣고 있다가 질문이 있는 경우 선생님의 말이 다 끝나면 해주세요.

② 오늘 여러분은 외국인 벼룩시장에 왔다고 생각하면 됩니다. 실제 서울 글로벌센터에서 외국인 벼룩시장을 엽니다. 여기서 외국인이 물건을 가지고 나와서 팔았어요. 여러분은 오늘 이런 외국인 벼룩시장에 왔다는 느낌으로 활동하면 됩니다.

③ 먼저 물건 구입 미션 학습지를 살펴보겠습니다.(학생들에게 미션 학습지를 나눠줍니다.)

④ 물건 구입 미션 학습지는 총 6가지 종류가 있습니다. 여러분이 사야 할 물건이 모두 다릅니다. 왼쪽에 보면 Mission 옆에 숫자가 1부터 6까지 있습니다. 여러분은 미션 학습지에 적힌 물건을 5개의 가게를 돌아다니면서 구입하면 됩니다. 의료점, 잡화점, 음식점, 과일가게, 액세서리점 등 총 5곳을 다니면서 물건 1가지씩 사서 여러분의 미션 학습지에 구입한 물건을 붙이면 됩니다.

⑤ 물건 구입 미션 학습지 아래를 보면 참고할 수 있는 대본이 있습니다.(한 문장씩 읽고 따라 읽어봅니다.)

⑥ 여기서 중요한 것은 '나는 영어를 잘할 수 있다.'라고 생각하는 학생은 대본을 안 보고 말해 보려고 하는 것입니다. 영어가 좀 어려운 학생은 대본대로 읽으면 되고요. 영어 대본을 보고도 좀 어려운 학생은 도와달라고 <Help!>를 말하세요. 혹시 친구가 <Help!>라고 말했을 때, 도와줄 수 있는 학생은 영어를 잘하는 것일 뿐만 아니라 인성도 좋은 학생입니다.

⑦ 혹시 영어로 추가해서 말하고 싶은 경우 스스로 추가하는 것은 괜찮아요. 하지만 엄청난 미션이 하나 더 있습니다. 그건 바로 'No Korean!' 시장놀이 활동을 하는 동안

한국말을 전혀 안 쓰는 것이 미션입니다.

⑧ 물론, 선생님한테 와서 영어 표현을
한국말로 물어 보는 건 ok! 다른 반
에서는 1명 성공했고, 또 다른 반은
5명 성공했어요.(또는 4반은 3명 성공
했는데, 3반은 10명이나 성공했어요. 여
러분은 몇 명이 성공할지 도전해 봅시다.

이렇게 한반에 몇 명이 성공했는지 세보는 것처럼 긍정적 피드백이, 한국말을 사용했을 때
벌금이나 벌칙보다 훨씬 더 긍정적입니다.)

⑨ 그럼 이제 5가지 가게에 어떤 물건이 있는지 살펴보겠습니다. 여러분의 미션에 해당
하는 물건을 찾아서 그것을 사면됩니다.

| 악세서리 가게 | 옷 가게 | 과일 가게 | 음식점 | 잡화점 |
|---|---|---|---|---|
| hairpin watch earring hairband ring brush | T-shirt dress skirt pants socks cap | orange tomato carrot melon apple banana | pizza cookie cake hamburger chicken noodles | book shoe umbrella glove guitar flower |

⑩ 물건의 가격은 일부러 선생님이 다 정해놨어요. 여러분은 흥정이나 할인 없이 물건에
적힌 가격대로 활동을 하겠습니다.(혹시 2차시로 수업을 구상할 경우 물건 값도 학생들이
정해보게 하는 것도 좋습니다.)

⑪ 그럼 돈은 어떻게 할까요? 여러분은 처음 시작할 때 15달러씩 받을 거예요. 그 돈으로
물건을 사면 되고, 돈이 다 떨어졌을 경우 여기 칠판 앞, 이 자리가 바로 '은행'입니
다. 여러분은 이곳 은행에 와서 담당 친구에게 이렇게 말하면 돼요.

- (두 손을 모아 내밀면서) Money, please.

그럼, '은행 담당 학생'은 물어봅니다.

- How much is it?

사실, 이 상황에서 원래 다른 영어 표현을 써야 하지만, 그러면 헷갈리므로 단원에 나온 표현 그대로 쓸게요. 물어보면 필요한 돈 액수를 말합니다. 1달러부터 15달러 중에 고릅니다.(16달러 안돼요~, 17달러 안돼요~.) 은행 담당 학생이 듣고 'OK' 하면, 돈을 세서 가져갑니다.

⑫ 이제 각 가게별 판매자에 대해 설명하겠습니다. 판매자는 각 가게별로 2명씩 배치가 됩니다. 그럼 판매자는 10명, 은행 1명해서 총 11명이 판매자 역할로 시작합니다. 11명의 학생이 판매자의 역할을 하는 동안 나머지 학생은 '구매자' 역할이 되어 미션을 수행하면 됩니다. '구매자'를 했던 학생이 5가지 미션을 끝내면, 먼저 끝나는 순서대로 11명이 판매자와 역할을 바꿔주면 됩니다. 그럼 모든 학생이 구매 미션은 수행할 수 있겠지요? 물론 판매자 역할을 먼저 했던 학생 중에 구매 미션을 다 못하는 경우도 있어요.

⑬ 먼저 판매자를 하고 싶은 학생은 자기 이름을 큰소리로 외쳐봅니다.(선생님은 학생의 이름이 들리는 대로 판매자 자리에 이름을 정해줍니다.)

⑭ (판매자가 다 정해졌으면) 판매자 학생은 각자 자기 가게에 가서 자리를 잡습니다.

그리고 구매자 학생은 앞으로 나와서 각자 15달러씩 돈을 셉니다.

⑮ 판매자와 구매자가 모두 준비가 되었으면 시장놀이, Market Play, 시작!!

# 재미있게 문장 쓰기 방법이 있어요
## - 암호 풀기 미션

<이런 상황에서 활용>

해당 단원 또는 주제에서 꼭 알아야 할 핵심 표현은 학생들이 한 번쯤은 꼭 써
봐야 합니다. 이때 그냥 한 번씩 쓰라고 하면 학생들은 당연히 지루함을 느낄 수
밖에 없겠지요. 그럴 때는 암호 풀기 미션 형태로 진행해보는 것도 좋습니다.

<어떻게 할까요?>

암호 풀기 활동은 'secret code' 또는 'code break' 등으로 불립니다. 간단한
방법으로 'a=1, b=2, c=3, d=4, ……, z=26'을 적용하여, '3, 1, 20'이라는 암호문이
있다면 cat으로 암호 해독을 할 수 있습니다. 또는 문장을 써볼 때는 아래 사진처
럼 암호 해독지를 만들어서 적용해 볼 수도 있습니다.

① A+ 이면 ?, B# 이면 may, 이런 식으로 푸는 암호 해독지입니다.

② 한 명이 암호를 해독하고, 다른 한 명이 쓰는 식으로 '짝 활동'으로 진행해도

좋습니다.

③ 이때 꺽쇠(^)가 붙어 있으면 첫 자는 대문자로 쓰라는 의미입니다.

아래 사진처럼 화면에 암호 해독을 해야 하는 코드를 주고 문장을 쓰게 합니다. 모두 암호 해독이 끝나면 정답을 다 함께 말하면서 해독된 문장을 확인합니다. 좀 더 학생들의 참여와 능동적인 활동 그리고 보다 활기찬 활동을 원한다면 '러닝딕테이션' 활동을 접목하여 교실 곳곳에 암호 코드를 부착하고, 학생들은 교실을 돌아다니면서 암호 해독을 해도 좋습니다.

## 꿀팁·44

# 길 찾기 주제라면?
# - 보물지도 만들기

<이런 상황에서 활용>

길을 묻고 답하는 주제나 단원에서 인포메이션 갭 활동이 많이 활용되곤 합니다. Information Gap 활동에서는 학생들의 '듣고 말하기'가 중심이라면, 보물지도 만들기는 학생들의 '읽고 쓰기'에 초점을 두는 활동입니다. 특히 개인 작품 및 활동 결과물이 있기 때문에 학생들이 굉장히 선호합니다.

<어떻게 할까요?>

보물지도 만들기는 흔히 이야기하는 PBL(Project Based Learning) 활동이라고 도 할 수 있습니다. 초등학교 영어에서 이런 PBL 활동을 시도하는 것이 쉽지는 않지만, 어느 정도 선생님의 가이드라인<sup>guideline</sup>이 있다면 학생들이 정말 잘 참여 할 수 있고 유익한 시간을 가질 수 있습니다. 보물지도 만들기 활동은 시간이 조 금 많이 소요되기 때문에 이전 수업시간에 미리 어느 정도 설명을 한 후에 실제

활동에서는 지체 없이 본 수업으로 진행합니다. 본 수업이 시작되면 학생들에게 옆의 사진과 같은 보물지도 양식지를 나눠줍니다.

학생들은 빈 네모칸 안에 장소와 보물의 위치를 표시합니다. 그리고 시작 화살표를 그려서 시작 지점을 표시합니다. 시작 지점에서 보물을 찾아가는 길을 그립니다. 학생들은 시작 지점에서 보물을 찾는 곳까지 가는 방법을 아래 문장으로 씁니다. 마지막 보물에 다다랐을 때는 'It's on your right.' 또는 'It's on your left.' 또는 'The treasure is on your right(left).'로 쓰면 됩니다. 학생들의 작품은 가능하면 모두 스캔하여 학급 홈페이지 등을 통해서 사진 파일을 전송해주는 것이 좋습니다.

이 활동을 하게 되면 정말 많은 학생이 자신이 그리고 싶은 장소를 영어로 어떻게 표현하는지 묻습니다. 그럴 때면 칠판에 표시해서 다른 학생들도 공유할 수 있도록 합니다.

## Word List (Chalkboard)

- bakery
- shop
- flower shop
- church
- school
- bank
- park
- hospital
- Apartments
- coffee shop

restroom 화장실

Parking 주차장

McDonald

Castle 성,요새

soccer field 축구장
play grand 놀이터
forest 숲

## Treasure Map

Name: 편은준    Class: 5-3

Go straight one block and turn right at the library. Go straight one block and turn left at the park. The treature is on your left. It next to the coffee shop.

Name: 김xx    Class: 5-1

Go straight one block turn left on the mountain. Go straight one block and turn right at the bakery. The treasure is on your left. It's next to play ground.

Name: 오xx    Class

Go straight one block and turn left at hospital. Go straight 2 blocks. It's near the grave yard and It's on your right.

# 길 찾기 하세요
# - 우리 동네 길 찾기 미션

### <이런 상황에서 활용>

길 찾기 단원에서 또 할 수 있는 활동은 바로 우리 동네 지도를 바탕으로 길을 묻고 답하는 활동을 하는 것입니다. 학생들은 머릿속에 자신이 살고 있는 동네가 그려지고 일상생활의 소재라서 좋아합니다.

### <어떻게 할까요?>

선생님은 인터넷 지도에서 현재 학생들이 다니고 있는 학교 이름을 검색한 후 학습지 활동으로 쓸 지도를 스크린 캡처하여 그림 파일로 저장합니다. 지도에서 학생들이 실제로 묻고 답할 지명들을 네모칸으로 만들고 한쪽에 영어 명칭을 적어줍니다. 아래 사진처럼 시작 위치를 달리할 수 있도록 A, B, C, D로 시작점을 표시합니다.

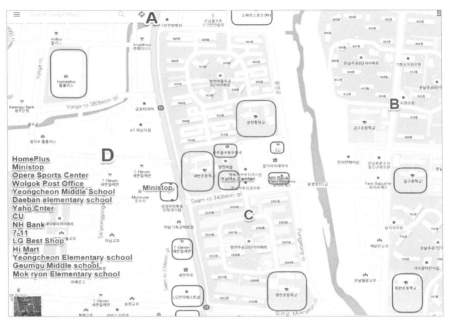

[출처 : 구글 지도에 글자 및 도형 입력]

## Giving Directions! 우리동네 길찾기 Mission!

| 대화 예시 | Review | | | |
|---|---|---|---|---|
| | 찾은 장소 | OX△ | 길을 알려준 사람 | 평가 |
| Winner :<br>Excuse me. Where is the _____? | HOMEPLUS | (    ) | | Good/okay/help |
| | MINISTOP | (    ) | | Good/okay/help |
| Loser :<br>We are here,(A/B/C/D) | Opera Sports Center | (    ) | | Good/okay/help |
| | Wolgok Post Office | (    ) | | Good/okay/help |
| Go straight _____block(s).<br>And turn left/right (at the _____). | Yeongcheon Middle School | (    ) | | Good/okay/help |
| | Daeban Elementary School | (    ) | | Good/okay/help |
| It's on your left/right.<br>It's next to the _____. | Yaho Center | (    ) | | Good/okay/help |
| | 7-11 | (    ) | | Good/okay/help |
| Winner : Thank you.<br>Loser :  My pleasure. | Nonghyup Bank | (    ) | | Good/okay/help |
| | Hi Mart | (    ) | | Good/okay/help |
| Bye~ | Yeongcheon Elementary School | (    ) | | Good/okay/help |
| | Geumgu Middle School | (    ) | | Good/okay/help |
| | Mokryon Elementary School | (    ) | | Good/okay/help |

지도가 준비되었다면 위와 같은 내용의 학습지를 제작하여 찾을 장소와 길을 알려준 사람을 쓸 수 있게 해줍니다. 선생님과 함께 주요 핵심 표현을 확인하고 찾을 장소를 한 번씩 확인하고 우리 동네 길 찾기 활동을 시작하면 됩니다. 학생들은 처음에 짝과 함께 길을 묻고 답하는 활동을 하고, 그 이후부터 자리에서 일어나 돌아다니면서 새로운 친구를 만나면 됩니다.

위 학습지에서는 상당히 많은 장소가 표시되어 있어 전부 활동하려면 시간이 상당히 오래 걸립니다. 장소는 5~8개 정도만 표시해줘도 충분합니다. 활동이 끝나면 전체 활동으로 변경하여 학생 한 명이 전체 학생에게 길을 찾아가는 방법을 발표해도 좋습니다. 또, 길을 가장 잘 알려준 친구를 뽑을 수도 있습니다.

# 숫자 세기를 하세요
## - 재밌고 간단한 2가지 방법

<이런 상황에서 활용>

숫자 세기는 초등학교 3학년부터 6학년 영어 수업시간에 끊임없이 나오는 주제입니다. 3~4학년 때는 1~100의 작은 수가 나오고, 5~6학년 때는 100~1,000 이상의 큰 수가 나옵니다. 1~50까지의 숫자만 셀 수 있어도 그 이후는 규칙이 간단합니다. 숫자 세기를 간단하고 재미있게 진행하면서 영어 숫자를 익힐 수 있습니다.

<어떻게 할까요?>

■ 첫 번째 활동

Balloon Pop Counting! 풍선 터뜨리며 숫자 세기

**〈활용 방법〉**

① 전체 학생이 책상을 밀고, 큰 원형으로 의자에 앉습니다.

② 풍선을 각자 1개씩 받고 불어서 묶습니다.

③ 풍선을 들고 있는 채로 숫자 세기를 합니다.

④ 한쪽 방향으로 숫자를 1부터 20까지 세갑니다.(실력이나 수준에 따라서 1부터 10 또는 1부터 30으로 변형해서 하면 됩니다.) 이때 중요한 것은 숫자가 올라갔다가 '내려가는' 것입니다.(1,2,3, …… 18, 19, 20, 19, 18, 17, …… 3, 2, 1, 2, 3, 4, 5 이런 식으로 돌아가면서 숫자를 말합니다.)

⑤ 처음에 연습을 2~3번 정도 해봅니다.(의외로 학생들이 쉽게 틀립니다.)

⑥ '본게임'이 시작되면, 틀리게 말한 학생의 풍선을 터뜨립니다.

⑦ 틀린 사람이 생길 때마다 풍선 터지는 재미가 있습니다.(처음에 굉장히 수줍어하고 조용하던 학생들이 풍선이 터질 때마다 빵빵 터집니다.) 틀린 사람은 숫자를 세진 않지만, 그래도 풍선이 터지는 재미가 있어서 잘 듣게 됩니다.

⑧ 몇 번 진행하다 보면, 학생들이 잘 안 틀리고 숫자 세기가 잘 이어집니다. 그럴 때는 이제 '속도' 규칙을 추가합니다. "Too slow!"가 되면 풍선이 터집니다. 머뭇거림이 생기면 "빵빵!". 이렇게 하면 금방 끝납니다. 마지막 1명이 남을 때까지 진행하면 됩니다.

# ■ 두 번째 활동

Morra 놀이 영어 숫자 세기 게임 활동(Add & Counting Number)

**〈활용 방법〉**

'모라'는 그리스의 전통 놀이입니다. 그리스어로 1, 2, 3은 '애나, 디오, 트리아'라고 하지만, 실제 활동에서는 그냥 영어로 진행하면 됩니다.

① 학생들은 3명 정도씩 한 그룹으로 모입니다.

② 학생들은 "Three!, two!, one!"을 외치면서 한 손을 내밉니다. 이때 자신이 펼치는 손가락 수를 결정해서 내밀어야 합니다. 그럼 펼치는 손가락 수의 개수가 '0'부터 '5'가 됩니다.

③ 내민 손가락의 개수를 모두 합하여 가장 먼저 그 숫자를 영어로 말하는 사람이 이깁니다. 이렇게 한 번 이기는 것을 1 포인트라고 하고, 10 포인트를 얻은 사람이 최종 승자가 됩니다. 이때 최종 승자가 되는 포인트는 적절히 조절하면 됩니다.

④ 조금 더 큰 수를 가지고 활동을 하고 싶으면 두 손을 모두 사용하게 하면 됩니다. 3명의 학생일 경우 양손을 사용하면 최대 30까지의 숫자를 말할 수 있게 됩니다.

# 꿀팁 47

# 발표 방식을 바꿔 보세요
## - 그룹 교환 역할놀이

**<이런 상황에서 활용>**

초등 영어 교과서에 등장하는 Role-play(또는 Show Time) 역할놀이 활동을 진행할 때가 있습니다. 하지만 상위 학습자에게는 시시한 활동이 되기 쉽고, 하위 학습자에게는 그냥 장난치고 노는 시간으로 여겨지기 쉽습니다. 특히, 한 그룹씩 발표를 하게 될 경우 학생들은 한 번 발표 이외의 시간에는 계속 같은 내용의 발표를 반복적으로 보고만 있어야 됩니다. 이를 보완하기 위하여 그룹교환 역할놀이 형태로 진행하는 방법이 있습니다.

<어떻게 할까요?>

그룹교환 역할놀이는 각 그룹이 다른 그룹에게 발표를 동시에 진행하는 형태입니다. 한 교실에 세 개 정도의 공연 장소를 만듭니다. 교실의 앞, 뒤, 옆 등을 적절히 활용하면 됩니다. 예를 들어 6개의 그룹이 있다고 하면 각 그룹의 번호

를 지정합니다. 첫 번째 공연에서는 [그룹 1 : 그룹 2], [그룹 3 : 그룹4], [그룹 5 : 그룹 6]이 만나서 공연을 동시에 진행합니다. 선생님은 먼저 공연할 그룹을 표시해주면 더 빠르게 진행이 가능합니다. 위의 사진처럼 1, 3, 5에 표시를 해주면 [그룹 1 : 그룹 3 : 그룹 5]가 먼저 공연을 하는 것입니다. 그러면 짝지어진 다른 그룹의 학생들은 공연을 감상하고 평가표를 쓰면 됩니다.

아래 사진처럼 의자를 배치하여 공연을 하는 학생들은 서서 하고, 감상을 하는 학생들은 앉아서 하도록 구별해주는 것이 좋습니다. 그래야 학생들이 좀 더 실감나게 공연할 수 있습니다.

두 번째 공연에서는 [그룹 1 : 그룹 3], [그룹 2 : 그룹5], [그룹 4 : 그룹 6]이 만나서 공연을 서로 주고받으면 됩니다. 세 번째 공연에서는 [그룹 1 : 그룹 4],

[그룹 2 : 그룹6], [그룹 3 : 그룹 5]가 만나서 공연을 서로 주고받으면 됩니다. 이런 형태로 공연을 하게 되면 학생 개인이 공연하는 횟수가 모두 3회가 됩니다. 학생들은 자신을 표현할 수 있는 기회를 더 가질 수 있습니다. 마지막으로 가장 공연을 잘했다고 생각하는 그룹을 투표로 선정하여 한 그룹만 전체 학생 앞에서 발표하면 됩니다.

특히 역할놀이를 할 때에 '장난'치지 않게 지도하고, 대본은 될 수 있으면 안 보고 하는 것을 강조해야 합니다. 그리고 영어는 '수정' 가능하며 추가해도 되고, 바꿔도 좋습니다. 특히 다른 친구의 발표를 감상할 때 아래와 같은 평가표를 주고 참고하게 하면, 학생들이 더 전문가적인 관점으로 참여할 수 있게 됩니다.

# 10월 9일은 한글날!
# - 외래어 찾기

<이런 상황에서 활용>

일상생활 속에 영어에서 온 외래어가 생각보다 많습니다. 학생 중에서는 그게 영어였다는 것을 모르는 경우가 대부분입니다. 시간 여유가 있을 때 영어에서 온 외래어를 찾아보는 활동을 하면 좋습니다.

<어떻게 할까요?>

'시소'가 영어 'see-saw'에서 왔다는 것을 알고 있었나요? 저는 처음 그 말을 들었을 때 정말 온몸에 소름이 돋았습니다. 생각보다 우리가 흔히 쓰는 말 중에 영어에서 온 단어가 많습니다. 어른들은 대부분 외래어를 구별하지만 초등생은 그런 외래어가 영어라는 것을 잘 모르는 경우가 많습니다. 외래어는 영어에서 빌려온 단어란 의미로 'Loanword'라고 불립니다. 이 활동을 한글날에 하면 좋은 이유는 사실 조금 씁쓸한 우리나라의 문화 때문입니다. 방송매체 또는 어른들이 무

분별하게 영어를 한국어처럼 섞어 쓰다 보니, 좋은 우리말이 있는데도 영어가 우리말처럼 된 경우가 종종 있습니다. 한 예로 '셰프<sup>chef</sup>'를 보면, '요리사'라는 우리말이 있지만, 대체로 '쉐프' 또는 '셰프'라는 말을 씁니다. 물론 'chef'는 프랑스어가 어원이지만 영어권에서도 영어처럼 쓰이는 단어입니다.

그래서 한글날의 의미를 생각해보며 이런 특별한 활동을 해봐도 좋습니다. 먼저 학생들에게 한글 단어만 주고, 그룹 친구들과 함께 영어로 써보게 합니다. 정답 확인은 정답 단어를 러닝딕테이션처럼 교실 곳곳에 붙여둔 후에 확인하는 형태로 진행합니다. 초등학생이 확인해 볼만한 외래어로는 아래와 같은 단어가 있습니다.

| | | | |
|---|---|---|---|
| 앨범 album | 앰뷸런스 ambulance | 아파트 apartment | 베이비 baby |
| 바나나 banana | 벨 bell | 벨트 belt | 보트 boat |
| 빌딩 building | 버스 bus | 케 cake | 카메라 camera |
| 카드 card | 케이스 case | 치즈 cheese | 치킨 chicken |
| 커피 coffee | 커플 couple | 댄스 dance | 게임 game |
| 기타 guitar | 주스 juice | 레몬 lemon | 메시지 message |
| 피아노 piano | 팝콘 popcorn | 샤워 shower | 소파 sofa |
| 텔레비전 television | 테이블 table | 택시 taxi | 테니스 tennis |

<활용 Tip>

2015 개정 영어과 교육과정에서는 생활 주변에서 흔히 사용하고 있는 외래어

200개를 제시하고 있고, 이 어휘들은 새로운 어휘로 간주하지 않습니다. 200개

어휘는 아래 주소에서 확인 가능합니다.

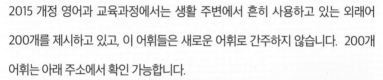 https://blog.naver.com/bsgyo/221434208766

## 꿀팁 49

# 그림책을 활용해 보세요
## - 주제별 스토리텔링

**＜이런 상황에서 활용＞**

영어 그림책은 정말 좋은 수업 자료
가 될 수 있습니다. 적합한 그림책을 잘
찾으면 수업을 진행하는 해당 단원이나
주제를 보다 효과적으로 가르칠 수 있
습니다.

**＜어떻게 할까요?＞**

국내에 알려진 유명한 영어 그림책이 많이 있습니다. 그림책을 찾아보면 초등
영어 수업에 활용했을 때 굉장한 효과를 볼 수 있습니다. 교과서의 텍스트 위주
에서 벗어나 영어 그림책을 가져와서 활용하면 학생들은 더 흥미를 느끼면서 수
업에 참여합니다. 또한 인터넷을 찾아보면 노래로 부르는 영어라든지, 재밌게 읽

어주는 여러 영상을 참고할 수 있습니다. 딱딱한 교과서의 틀에서 벗어나서 영어로 된 책을 학생에게 접하게 해주는 것은 충분히 유의미한 시간이 됩니다.

또한 선생님이 직접 그림책을 읽어주는 것도 더 효과적입니다. 그림책을 읽어줄 때 가능하면 학생과의 거리를 더 가깝게 하는 것이 좋고, '빅북'이라고 불리는 스토리텔링을 위한 큰 책이 있으면 더욱 좋습니다. 학생 수가 많고 책이 너무 작다면 PPT 등을 활용하여 읽어주면 됩니다.

실제 제가 영어 수업 시간에 스토리텔링을 하는 저의 일상 수업 영상 주소입니다.

https://blog.naver.com/bsgyo/221425646589

유명한 영어 그림책이 많지만, 그중 초등 영어 수업에 적용해 볼만한 것을 책 제목, 주제, 주요 단어와 표현 등을 소개합니다.

■ The Very Hungry Caterpillar  by Eric Carle

| 구　분 | 주요 내용 |
|---|---|
| 주　제 | 요일, 음식, 나비의 한살이 |
| 설　명 | 출간된 지 40년이 지났지만 여전히 전 세계 어린이에게 읽혀지고 있습니다. 초등학교 5학년 과학 시간에 배우는 나비의 한살이와도, 요일이나 음식과도 연결 지어 볼 수 있습니다. 중간에 건강하지 않은 음식을 많이 먹고 배탈이 나는 내용이 있어서 식단이나 편식 관련 지도와도 연관 지을 수 있습니다. |
| 주요 단어 | Monday, Tuesday, Wednesday, Thursday, Friday, Saturday, Sunday, moon, egg, leaf, caterpillar, food, apple, pear, plum, strawberry, orange, chocolate cake, pickle, cheese, salami, lollipop, cherry pie, cupcake, watermelon, cocoon, butterfly |
| 주요 표현 | On Thursday he ate through four strawberries, but he was still hungry. |
| 참고 활동 | 건강한 음식과 건강하지 않은 음식 구별하기, 애벌레가 먹은 음식을 요일별로 짝 맞춰보기, 나비의 한살이를 그림으로 표현하기 |

## ■ What's the time Mr. Wolf?  by Annie Kubler

| 구 분 | 주요 내용 |
|---|---|
| 주 제 | 시간(정각), 하루 일과 |
| 설 명 | 책 속에 늑대가 인형처럼 튀어나와 있고 거기에 손가락을 넣어서 인형극과 책이 결합되어 있는 느낌을 줍니다. 처음 보는 학생에게는 상당한 신기함을 줍니다. 아침 7시부터 시작해서 저녁 6시까지 매시 정각에 대한 영어 표현과 함께 그때 늑대가 하는 일, 즉 늑대의 하루 일과가 주요 표현이 됩니다. 매시 정각에 대한 표현을 다룰 때에 초등 3~4학생에게 적용할 수 있고, 하루 일과에 대한 표현에 좀 더 중점을 두고 다룰 때에는 초등 5~6학생에게 적용할 수 있습니다. |
| 주요 단어 | time, seven, o'clock, eight, nine, ten, eleven, twelve, one, two, three, four, five, six, get up, hungry, breakfast, brush, teeth, get dressed, eat, lunch, school, read, book, clean, fetch, dinner |
| 주요 표현 | What's the time Mr. Wolf? It's twelve o'clock. I eat lunch at 12 o'clock. |
| 참고 활동 | 시간과 책 내용 연결하기 활동, 책 내용에 나온 동작을 흉내 내고 시간 맞히기 활동, '무궁화 꽃이 피었습니다.'를 What's the the time Mr. Wolf?로 변형하여 활동 |

## ■ Go Away, Big Green Monster!  by Edward R. Emberley

| 구 분 | 주요 내용 |
|---|---|
| 주 제 | 색깔, 형용사, 신체 부위 |
| 설 명 | 책 한 장 한 장을 넘길 때마다 신체 부위가 한 가지씩 나타났다가, GO AWAY 부분부터는 한 가지씩 또 사라지는 책입니다. 특히 학생과 책 GO AWAY를 다 함께 외치면서 읽으면 더욱 실감납니다. |
| 주요 단어 | big, green, yellow, eye, long, nose, red, mouth, sharp, white teeth, little, ear, purple, hair, scary, green, face, scare, go, away, |
| 주요 표현 | Big Green Monster has two big yellow eyes. GO AWAY, two little squiggly ears! |
| 참고 활동 | 나만의 몬스터 칠하기 그리기, 또는 만들기 활동, 신체 부위와 색깔을 연결하는 활동 |

## ■ Today is Monday  by Eric Carle

| 구 분 | 주요 내용 |
|---|---|
| 주 제 | 요일, 동물, 음식 |

| 구 분 | |
|---|---|
| 설 명 | 책에 나오는 음식을 삽화와 연결하여 잘 살펴볼 필요가 있습니다. 삽화에 나타난 동물과 음식이 서로 연결되기 때문입니다. 동물과 음식을 연결해도 좋고, 동물과 요일을 연결해도 좋습니다. |
| 주요 단어 | Monday, Tuesday, Wednesday, Thursday, Friday, Saturday, Sunday, string, bean, hungry, children, eat, spaghetti, roast, beef, fresh, fish, chicken, ice cream |
| 주요 표현 | Today is Monday. All you hungry children come and eat it up! |
| 참고 활동 | 책 만들기 활동, 요일에 대한 음식 바꾸기 활동, 동물과 음식 연결짓기 활동, 내가 좋아하는 음식과 동물을 연결하여 그리기 활동 |

## ■ Seven Blind Mice  by Ed Young

| 구 분 | 주요 내용 |
|---|---|
| 주 제 | 요일, 색깔, 서수 |
| 설 명 | 이 책은 요일뿐만 아니라 색깔 그리고 first, second, third와 같은 서수 개념을 연결 지을 수 있습니다. 또한 다른 사람의 생각과 관점에 대해 생각해보는 교훈이 있는 장점이 있습니다. |
| 주요 단어 | seven, blind, mice, mouse, Monday, Tuesday, Wednesday, Thursday, Friday, Saturday, Sunday, red, green, yellow, purple, orange, blue, white, pillar, snake, spear, cliff, fan, rope, elephant, agree |
| 주요 표현 | On Thursday, purple mouse was the fourth to go find out what it was. |
| 참고 활동 | 이야기의 교훈 나누기 활동, '숫자-요일-색깔-추측'을 연결하는 표 만들기 활동 등 |

## ■ From Head to Toe  by Eric Carle

| 구 분 | 주요 내용 |
|---|---|
| 주 제 | 신체 부위, Can 표현, 동물, 몸으로 할 수 있는 행동 |
| 설 명 | 동물과 그 동물의 특징적인 행동의 동사 그리고 신체 부위의 영어 표현이 아주 종합적으로 녹아들어 있습니다. 동작 따라하기 활동을 하면서 동물과 연결 지어볼 수 있고 신체 부위도 연결 지을 수 있는 상당히 여러 장점이 있는 책입니다. |
| 주요 단어 | penguin, turn, head, giraffe, bend, neck, buffalo, raise shoulder, monkey, wave, arm, seal, clap, hand, gorilla, thump chest, cat, arch, back, crocodile, wriggle, hip, camel, bend, knee, donkey, kick, leg, elephant, stomp, foot, wiggle, toe, |

| 주요 표현 | I'm a penguin and I turn my head. Can you do it? I can do it! |
|---|---|
| 참고 활동 | 등장인물처럼 동작 따라 하기 활동, '동물-동작-신체 부위' 짝 맞추기 활동 등 |

## ■ We're Going on a Bear Hunt  by Helen Oxenbury, Michael Rosen

| 구 분 | 주요 내용 |
|---|---|
| 주 제 | 자연, 의성어 의태어, Be going to 표현 |
| 설 명 | 작가가 불러주는 노래가 상당히 유명한 책입니다. 굉장히 재미있게 읽히는데, 꼭 그 영상을 한번 참고할 필요가 있습니다. 한국어는 의성어의 의태어가 발달해지만 영어에서 사용하는 의성어, 의태어를 이 책에서 참고할 수 있습니다. 생각보다 다양한 자연의 장소가 나타나고 그와 연관 있는 단어가 함께 등장합니다. |
| 주요 단어 | bear, long, wave, grass, deep, cold, river, thick, oozy, mud, big, dark, forest, swirl, snowstorm, narrow, gloomy, cave, again |
| 주요 표현 | We're going on a bear hunt. We're going to catch a big one. What a beautiful day! We're not scared. We can't go over it. We can't go under it. (주요 표현들이 노래처럼 반복) |
| 참고 활동 | 곰이 사는 동굴까지 가는 장소 만들기, 지도 만들기, 곰 인형극, 소리를 듣고 장소 맞히기 활동 등 |

## ■ Willy the Dreamer  by Anthony Browne

| 구 분 | 주요 내용 |
|---|---|
| 주 제 | 직업, 꿈 |
| 설 명 | 직업과 관련 있는 단원이나 주제가 나왔을 때 자주 참고할 수 있는 책입니다. 노래로도 나와 있기 때문에 그 내용을 확인할 수 있습니다. 의외로 다양한 직업이 나오므로 여기에 등장하는 직업에 대해서 살펴보고, 나의 꿈 찾기 활동으로 연결할 수 있습니다. |
| 주요 단어 | dream, film-star, singer, wrestler, ballet dancer, painter, explorer, famous, writer, scuba-diver, run, fly, giant, tiny, beggar, king, strange, landscape, sea, monster, hero, past, future, |
| 주요 표현 | Sometimes Willy dreams that he's a film-star. |
| 참고 활동 | Willy가 꿀 수도 있는 다른 꿈 만들기, Willy의 꿈에 나온 직업에 해당하는 사람 찾아보기, 직업과 연관되는 도구 연결하기 활동, 그림에 나오는 바나나 찾기 활동 등 |

## ■ David Goes to School  by David Shannon

| 구 분 | 주요 내용 |
|---|---|
| 주 제 | 학교 규칙, 금지 표현, 알파벳 4선 맞춰 쓰기 |
| 설 명 | 이 책은 특이하게 모든 영어 문장이 4선에 맞춰서 쓰여 있습니다. 학생들에게 영어 문장을 주고 4선에 맞춰서 쓰는 활동으로 활용 가능합니다. 'No, David!' 라는 책도 상당히 유명하지만 초등 영어 수업시간에 이 책이 더 활용하기 좋습니다. 학교에서 지켜야 할 규칙이 하나씩 나오기 때문입니다. 학생들과 책도 읽고 학교 규칙에 대해서도 함께 생각해볼 수 있습니다. |
| 주요 단어 | tardy, sit, down, raise, hand, wait, turn, recess, |
| 주요 표현 | Don't chew gum in class! Pay attention! |
| 참고 활동 | 영어 4선에 맞춰서 단어, 문장 쓰기, 학교에서 지켜야 할 규칙 찾기, David가 잘못한 행동과 바른 행동 연결하기 활동 등. |

## ■ I'm the Biggest Thing in the Ocean  by Kevin Sherry

| 구 분 | 주요 내용 |
|---|---|
| 주 제 | 최상급, 비교급, 바다 생물 |
| 설 명 | 대왕 오징어가 주인공인데, 대왕 오징어 사진을 인터넷에서 찾아서 확인해 볼 필요가 있습니다. 정말 상당히 큽니다. 주인공 대왕 오징어가 바다 생물들을 하나씩 비교하면서 내가 더 크다는 이야기를 하다가, 결국 자신보다 더 큰 고래에게 잡아먹히는 이야기입니다. 하지만 이 대왕 오징어는 고래 뱃속에서, 내가 이 고래 뱃속에서 가장 크다는 것을 말하면서 이야기는 끝이 납니다. 비교급과 최상급이 나오는 주제에서 활용해볼 수 있습니다. |
| 주요 단어 | giant, squid, big, bigger, shrimp, clam, crab, jellyfish, turtle, octopus, shark, fish, biggest, ocean, whale |
| 주요 표현 | I'm bigger than these shrimp. I'm the biggest thing in the ocean! |
| 참고 활동 | 비교급 문장 만들기, 바다 생물 명칭 맞추기, 바다 생물 크기 비교하기 활동 등 |

## ■ The Gruffalo  by Julia Donaldson

| 구 분 | 주요 내용 |
|---|---|
| 주 제 | 묘사하는 표현, be going to 표현 |

| 설 명 | 조금 글이 많아서 어렵게 느껴질 수 있는 책이지만 상당한 시사점을 줍니다. 숲에서 가장 약한 동물일 수 있는 쥐가 자신보다 더 강한 동물을 만나도 당당하게 대처하는 모습을 보면서 위기를 극복하는 방법에 대해 생각해 볼 수 있습니다. 실제로 존재하지 않는 Gruffalo를 묘사하는 장면을 생각하며 묘사하는 표현이 나오는 주제에 활용할 수 있습니다. |
|---|---|
| 주요 단어 | mouse, wood, fox, terrible, tusk, claw, teeth, jaw, roast, owl, knobbly, knee, toe, wart, nose, snake, eye, tongue, prickle, scramble, afraid, |
| 주요 표현 | Where are you going to, little brown mouse? I'm going to have __ . |
| 참고 활동 | Gruffalo의 모습을 보고 묘사하는 영어 표현 써보기, 특정 신체 부위 묘사하기 활동 등 |

## ■ Color Zoo  by Lois Ehlert

| 구 분 | 주요 내용 |
|---|---|
| 주 제 | 색깔, 모양, 도형, 동물 |
| 설 명 | 이 책은 문장은 없고 단어로만 되어 있습니다. 중간에 나오는 도형에 구멍이 뚫려 있어서 독자가 신기하게 볼 수 있습니다. 특히 뚫러 있는 도형 주변에 그림을 아주 간단하게 그려서 동물하고도 연결되도록 한 점이 좋습니다. 생각보다 도형의 영어 명칭이 다양하게 나와 있어서 좋고, 그 모양과 동물을 연결 짓는 활동도 가능합니다. 또한, 각 페이지마다 다양한 원색 계열의 알록달록 색깔이 쓰여서 색깔을 영어로 확인해볼 수도 있습니다. |
| 주요 단어 | tiger, circle, mouse, square, fox, triangle, ox, rectangle, monkey, oval, deer, heart, lion, diamond, goat, octagon, snake, hexagon, |
| 참고 활동 | 도형과 동물 연결 짓기, 도형만 주고 동물 그려보기, 동물을 보고 도형 맞혀보기, 색종이로 도형 만들기 활동 등 |

## ■ Not a Box  by Antoinette Portis

| 구 분 | 주요 내용 |
|---|---|
| 주 제 | 현재진행 표현. 위치를 나타내는 전치사 |
| 설 명 | 상자 하나를 가지고 다양한 상상력을 펼칠 수 있는 책입니다. 상자가 아니라고 말하는 장면에서 연결 지을 수 있는 단어를 생각해볼 수도 있습니다. |
| 주요 단어 | box, sit, in, on, top, squirt, wear, around, |
| 주요 표현 | Why are you sitting in a box? It's not a box. |
| 참고 활동 | 상자 그림을 변형하여 그림 그리기, ing가 들어 있는 문장 찾기 등 |

## ■ My Dad  by Anthony Browne

| 구  분 | 주요 내용 |
|---|---|
| 주  제 | 어버이날, as~as 표현, can 표현, 동물 |
| 설  명 | 'My mum'이라는 책과 함께 유명한 책입니다. 어버이날을 맞이하여 이런 책으로 부모님을 생각해보는 시간을 갖는 것도 좋습니다. |
| 주요 단어 | afraid, wolf, jump, walk, fall, tight rope, wrestle, race, eat, horse, swim, fish, strong, gorilla, happy, hippopotamus, big, house, soft, teddy, wise, owl, daft, brush, dancer, singer, football, laugh, |
| 주요 표현 | My dad can eat like a horse. He's as strong as a gorilla, and as happy as a hippopotamus. |
| 참고 활동 | 책에 등장하는 아빠의 능력 정리하기, 나의 엄마나 아빠에 대해서 써보기, 책에 등장하는 동물 찾고 특징 알기 등 |

# 영어로 활용하는 보드게임을 즐겨요 - 5가지

**<이런 상황에서 활용>**

보드게임은 학생들이 정말 좋아하는 놀이입니다. 세상에 다양한 보드게임 있지만, 그중에 학생들 영어 학습과 연결 지을 수 있는 것이 있습니다. 여기서 총 5가지 보드게임을 소개합니다.

**<어떻게 할까요?>**

보드게임을 영어 수업시간에 이용하면, 많은 내용을 전달할 순 없겠지만, 대부분 학생이 좋아하고 흥미를 가지고 참여할 수 있는 장점이 있습니다. 보드게임 중에 영어 수업시간에도 활용해 볼만한 것을 소개합니다. 영어의 어떤 특정 단원이나 주제하고 직접적으로 연관시키기는 어렵지만, 이 게임을 영어로 진행해보면 영어에 대한 흥미와 학생들의 즐거운 참여를 유도할 수 있습니다.

## 1. 다빈치 코드 Davinci Code

### 1) 간략 설명

다빈치 코드는 추리게임으로 상대방이 가지고 있는 타일의 숫자를 맞히는 방식입니다. 타일을 세울 때 왼쪽에 낮은 숫자가 위치하고, 오른쪽에 더 높은 숫자가 위치하도록 해야 합니다. 같은 숫자일 때는 검정색이 왼쪽에, 흰색이 오른쪽에 위치하면 됩니다. 조커는 흰색 1개, 검정색 1개가 있고 어느 위치에 놓아도 됩니다. 숫자를 영어로 말하면서 게임을 진행하면 됩니다.

2) 주제 : 숫자 1~11, 색깔 Black / White, 위치 Left / Right

3) 인원 : 2~4인

4) 내용물 : 검정 타일 12개(조커 1개 포함)와 흰 타일 12개(조커 1개 포함)

5) 방법

① 참여하는 학생은 흰색 타일 2개와 검정색 타일 2개씩 가져와서 상대방이 안 보이도록 타일을 세웁니다.

② 자신의 타일 숫자를 확인하고

규칙에 맞도록 타일을 다시 배
열합니다. 왼쪽에 더 낮은 수가
와야 하고, 같은 숫자일 경우
검정색이 왼쪽에 와야 합니다.

③ 첫 번째 순서의 학생은 안 보
이게 쌓여 있는 타일 더미에서
타일을 하나 가져와서 숫자를
확인한 후, 자신의 타일에 해
당 숫자의 위치에 알맞게 세웁
니다.

④ 다른 사람의 타일을 손가락으
로 지목하여 숫자를 맞힙니다.
만약, 지목받은 타일의 숫자가
맞을 경우 다른 사람 모두가
보일 수 있게 해당 타일을 엎
어 공개해야 합니다.

⑤ 지목한 숫자가 틀렸을 경우,
방금 전 자신이 가져온 타일
을 공개해야 합니다. 즉, 상대
방의 타일을 맞힐 경우 상대
방 타일을 볼 수 있지만, 못 맞힐

경우 자신의 타일을 공개해야 합니다. 못 맞힐 경우 바로 다음 학생의 순서
로 넘어가고, 맞혔을 경우에는 다음 순서로 넘어갈지 한 번 더 맞힐지 선택

할 수 있습니다.

⑥ 숫자 칸에 막대 모양만 있는 타일이 조커이며, 조커가 있는 경우 어느 위치에 타일을 세워도 괜찮습니다. 단, 한 번 타일의 위치를 세울 경우 그 이후에 타일의 위치를 바꿀 수가 없습니다. (위치를 바꾸면 조커라는 것을 들키기 때문입니다.)

⑦ 이처럼 자신의 타일이 모두 공개되면 지는 것이고, 마지막까지 자신이 가지고 있는 타일을 상대방이 모르게 세워 있는 사람이 이기는 게임입니다.

## 2. 스퀸트 주니어 Squint Junior

### 1) 간략 설명

한 명씩 돌아가면서 아티스트가 되어 해당 단어를 확인한 후, 모양카드로 모양을 만듭니다. 다른 학생은 만들어지는 과정을 확인하면서 해당하는 모양의 영어 단어를 맞힙니다. 아티스트는 'Yes' 또는 'No'만 말할 수 있고, 단어카드에 빨간

화살표로 표시된 부분만 힌트를 줄 수 있습니다. 모래시계가 다 끝나기 전에 맞

힐 경우, 맞힌 학생과 아티스트는 점수 칩을 1개씩 받습니다. 모래시계가 다 끝나

면 점수 칩 없이 다음 아티스트로 넘어갑니다.

 2) 주제 : 다양한 단어 목록(주로 명사)

 3) 인원 : 3~6인

 4) 내용물 : 모양카드 42장, 단어카드(스퀸트 카드) 160장, 모래시계 1개, 점수 칩

　　　40개

5) 방법

① 학생들은 아티스트가 될 순서를 정합니다.

② 첫 번째 아티스트는 단어카드(스퀸트 카드) 모음에서 한 장의 카드를 다른 학

　생들에게 보이지 않게 꺼내 확인합니다.

③ 아티스트는 모양카드 42장에서 자신이 고른 단어를 만들기 시작합니다. 이때 만들기 시작과 동시에 모래시계를 돌립니다.

④ 아티스트를 제외한 다른 학생들은 만들어지는 과정을 보면서 영어 단어를 맞힙니다. 이때 기회는 계속 가져도 됩니다. 아티스트는 모양을 만들면서 답을 듣고 'Yes' 또는 'No'를 대답해야 합니다.

  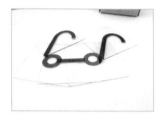

⑤ 아티스트가 모양을 만드는 중간에 누군가 정답을 맞힐 경우 단어카드를 공개하고, 아티스트와 정답을 맞힌 학생은 각각 1개의 점수칩을 얻게 됩니다. 모래시계의 시간이 다 끝날 때까지 맞히지 못하면 아무도 점수칩을 얻지 못하고 다음 순서로 넘어 갑니다.

⑥ 아티스트가 모양을 다 만들었는데도 정답을 맞히지 못할 경우 단어카드에 빨간색 화살표에 해당하는 부분만 힌트를 줄 수 있습니다. 영어로 힌트를 줄지, 한국어로 힌트를 주는

것을 허용할지는 선생님이 미리 규칙을 정해주면 됩니다.

⑦ 아티스트를 돌아가면서 게임 진행을 하고, 마지막에 가장 많은 점수칩을 가

지고 있는 학생이 승리합니다.

※ 추가 활용 Tip

단어카드가 160장으로 상당히 많은 단어가 있기 때문에 선생님이 미리 단어카드를 2~5묶음 정도로 나눠두는 것이 좋습니다. 학년이 낮을수록 묶음 수를 더 많이 하여, 게임은 진행할 때 적은 수의 단어카드로 게임을 하는 것이 좋습니다. 선생님과 단어카드에 나오는 단어를 확인하고, 그 단어를 가시고 게임은 진행하는 것이 영어 단어 학습에는 더 도움이 됩니다.


## 3. 워드 서치 Word Search

### 1) 간략 설명

영어 수업시간에 학습지를 통해 해당 단원의 영어 단어 찾기 활동을 하는 경우 'word search'로 할 때가 있습니다. 학생들도 한 번쯤은 해본 것이라 친숙한 보드게임입니다. 하지만 경쟁적인 요소가 있으면서 게임판이 돌아가고 다양한 임의의 단어가 나오기 때문에 학생들에게 새로운 재미를 줄 수 있습니다.

2) 주제 : 알파벳, 단어 찾기

3) 인원 : 2~4인

4) 내용물 : 게임판, 양면 문제지 10장, 토큰(4가지 색으로 각 66개), 토템 1개

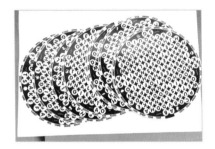 

5) 방법

① 선생님은 총 10개의 양면 문제지 중에서 학생들이 수행할 문제지를 골라줍니다. 또는 학생들이 직접 문제지를 골라도 됩니다.

② 선택한 문제지를 게임판에 끼우고 게임 시작할 준비를 합니다. 색깔 토큰이 총 4가지 색이 있어서 최대 4명까지 할 수 있는 게임입니다. 한 사람당 한 가지의 토큰 색깔을 정합니다.

③ 학생들은 자신이 앉은 위치에 토큰을 준비해두고 게임을 시작합니다.

④ 게임판 테두리에 연두색을 보면 비어 있는 칸이 있습니다. 게임판을 돌리면 그 연두색 빈 칸이 돌아가면서 찾아야 할 단

어가 나타납니다. 위 사진에서는 'HEART'라는 단어가 보입니다. 학생들은 순서와 상관없이 동시에 단어를 찾습니다. 알파벳을 가로, 세로, 대각선으로 연결하여 단어를 찾는 것입니다. 이 보드게임은 반대로도 연결되기 때문에 생각보다 찾기가 어렵습니다.

 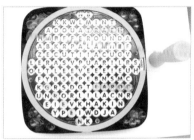

⑤ 단어를 찾은 학생은 빠르게 '토템'을 잡고, 이때 토템을 움켜쥐면 삑 소리가 납니다. 그리고 자신이 찾은 단어의 알파벳에 자신의 토큰을 올리면 됩니다.

⑥ 'HEART'를 찾고 나서 다음 단어로 돌립니다. 시계 방향으로 돌아갈지 반시계 방향으로 돌아갈지는 각 게임 그룹에서 정하면 됩니다. 이렇게 색깔 토큰을 올려가면서 단어를 찾으면 됩니다.

⑦ 게임을 진행하다 보면, 이미 색깔 토큰이 올려 있는 곳의 알파벳을 침범하기도 합니다. 그럴 경우 해당 알파벳 위에 있는 색깔 토큰을 내리고 새로운 단어를 찾은 사람의 토큰을 올리게 되므로, 처음에 많이 찾았다고 안심하면 안 됩니다.

⑧ 정해진 시간 동안 게임을 진행하고, 마지막에 가장 많은 색깔 토큰을 올려 둔 학생이 이기는 게임입니다.

※ 추가 활용 Tip

게임이 끝나고 나면 찾은 단어를 써 보고 읽어 보고, 뜻을 알아보는 활동을 꼭 해주는 것이 좋습니다.

## 4. 아이스파이 이글아이 I spy Eagle Eye

### 1) 간략 설명

아이스파이 게임 중에 '매의 눈' 버전으로서 쉽게 '숨은그림찾기'라고 생각하면 됩니다. 게임판이 8종류나 되기 때문에 한 번 할 때 한 가지 게임판씩 돌아가며 하는 것이 좋습니다. 각각의 게임판 하단에는 필요한 영어 단어가 친절하게 나와 있습니다.

### 2) 주제 : 다양한 물건 영어 명칭

### 3) 인원 : 2~6인

### 4) 내용물 : 게임판(4장, 양면 8종류), 게임카드(30장, 양면 60종류), 딩동벨 1개

### 5) 방법

① 시작하기 전 게임판을 정하고, 등장하는 영어 단어를 확인합니다.

② 학생들 가운데에 게임판을 놓고, 게임카드 뭉치를 올려놓습니다. 그리고

그 옆에 딩동벨을 준비합니다.

③ 게임판과 게임카드에 일치하는 그림을 찾습니다.

④ 찾은 학생은 딩동벨을 누른 후, 영어로 해당 그림을 말하면서 양손 손가락으로 그림을 짚어줍니다.

⑤ 그림을 찾은 학생이 해당 카드를 가져갑니다.

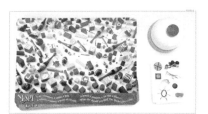 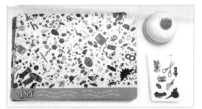

⑥ 순서에 상관없이 진행이 가능하고, 다양한 그림이 있어 쉽게 그림을 찾을 수 없습니다. 일정 시간을 정해 끝내도 되고, 30장의 카드를 다 찾을 경우에 게임을 끝낼 수 있습니다.

⑦ 가장 많은 카드를 가져간 학생이 최종 승리하는 게임입니다.

## 5. 게스후? Guess Who?

1) 간략 설명

'범인을 찾아라!'라는 느낌의 게임입니다. 2명의 학생이 번갈아 가며 질문을 하고, 먼저 상대방이 정해둔 범인을 찾은 사람이 이기는 게임입니다. 질문과 대답의 영어가 일반적인 초등 6학년 정도 학생의 수준에 적당합니다.

2) 주제 : 외모, 생김새, 얼굴의 특징 관련 영어

3) 인원 : 2인

4) 내용물 : 게임판 2개(빨강, 파랑)

5) 방법

① 2명이 서로 번갈아 가면서 질문과 대답을 하는 게임입니다. 게임판의 상단에 나온 캐릭터를 보고 각자 자신의 범인을 정합니다. 이때 중간에 범인을 마음속으로 바꾸는 것을 방지하기 위해 종이에 써놓고 게임이 끝나면 나중에 보여주게 해야 합니다.

② 게임을 시작할 때, 전체 개릭터가 나타나게 문을 열어 놓습

니다.

③ 질문은 3가지 종류로 할 수 있습니다.

• Are you ...? • Do you have ...? • Are you wearing ...?

Are you a man? / Are you a woman?

Are you old? / Are you young?

Do you have brown(red, gray, black, blond) hair?

Do you have long(short, straight, curly) hair?

Are you bald?

Do you have brown(blue eyes)?

Do you have a beard(mustache)?

Are you wearing a necklace(hat, cap, glasses, earrings)?


④ 위의 질문을 듣고, 자신이 정한 범인의 특징에 맞으면 "Yes, I am." 또는 "Yes, I do." 로 대답을 해야 합니다. 틀리면 "No, I'm not." 또는 "No, I don't."로 답을 해야 합니다.

⑤ 상대방의 답을 듣고 해당하지 않는 캐릭터의 문을 닫아 가면 범인을 차례차례 좁혀갈 수 있습니다.

 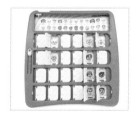 

⑥ 범인을 좁혀가다 보면 결국 마지막 1명이 남거나, 몇 명 남지 않게 됩니다. 그때 캐릭터 이름을 물어봐서 맞히면 됩니다. 가능하면 캐릭터가 3명 이하로 남았을 때만 캐릭터 이름을 물어볼 수 있는 규칙을 정해주는 것이 좋습니다. 그렇지 않으면 처음부터 캐릭터 이름만 물어보는 학생이 생깁니다.

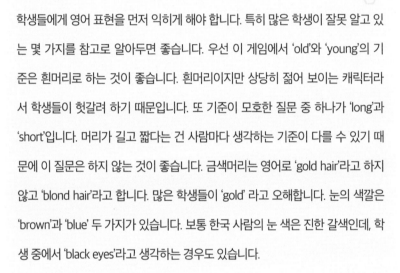

※ 추가 활용 Tip

학생들에게 영어 표현을 먼저 익히게 해야 합니다. 특히 많은 학생이 잘못 알고 있는 몇 가지를 참고로 알아두면 좋습니다. 우선 이 게임에서 'old'와 'young'의 기준은 흰머리로 하는 것이 좋습니다. 흰머리이지만 상당히 젊어 보이는 캐릭터라서 학생들이 헷갈려 하기 때문입니다. 또 기준이 모호한 질문 중 하나가 'long'과 'short'입니다. 머리가 길고 짧다는 건 사람마다 생각하는 기준이 다를 수 있기 때문에 이 질문은 하지 않는 것이 좋습니다. 금색머리는 영어로 'gold hair'라고 하지 않고 'blond hair'라고 합니다. 많은 학생들이 'gold' 라고 오해합니다. 눈의 색깔은 'brown'과 'blue' 두 가지가 있습니다. 보통 한국 사람의 눈 색은 진한 갈색인데, 학생 중에서 'black eyes'라고 생각하는 경우도 있습니다.

# 보드게임 아이디어를
# 수업에 적용해 보세요
# - 4가지

보드게임을 영어 수업에 적용하려고 할 때 가르쳐야 할 내용이나 단원, 또는 주제와는 관련이 없을 경우가 많습니다. 그럴 때는 보드게임의 아이디어를 가져와서 직접 카드를 만들거나 변형하여 영어 수업에 활용할 수 있습니다. 학생들은 보드게임을 즐기듯이 해당 단원의 주제에 맞는 단어나 표현을 익힐 수 있습니다.

선생님이 보드게임 아이디어를 영어 수업에 적용할 때 힘들어 하는 점이 많은 카드 세트를 직접 제작하는 것입니다. 제가 소개할 보드게임에서 카드게임인 '고피쉬'와 '우노'는 학생들이 직접 제작해서 게임할 수 있습니다. 학생들은 게임 도구를 제작하며 해당 단원이나 주제의 영어 단어나 표현을 익힐 수 있고, 게임을 즐기면서도 익히게 됩니다 '도블'의 경우 웹사이트를 통해 손쉽게 제작할 수 있고, '픽셔너리'는 단어 목록만 있으면 가능합니다.


## 1. 고 피쉬 Go Fish

### 1) 간략 설명

원어민 선생님 대부분이 알 정도로 유명한 영어 학습 보드게임입니다. 시중에 이미 여러 버전의 보드게임 완제품이 나와 있습니다. 필요에 따라서 완제품을 이용하여 게임을 진행해도 좋습니다.

2) 활용 범위 : 단어 복습활동, 질문과 대답의 핵심 표현이 있는 어느 단원이나 적용 가능

3) 준비물 : 쏙쏙 단어 암기카드(단색, 필요한 단어나 표현 개수의 2배 또는 4배)

4) 인원 : 2~4인

5) 방법

① 게임은 상대방이 가지고 있는 카드를 묻고 맞혔을 때 해당 카드를 가져오거나, 틀렸을 경우 가운데에 뒤집어서 모아둔 카드 뭉치에서 한 장을 가져옵니다. 자신이 들고 있는 카드 중에 같은 카드가 2장이 있을 경우 바닥에 내려놓으면 점수를 얻습니다. 마지막에 가장 많은 점수를 획득한 사람이 승리하는 게임입니다.

② 해당 단원에 필요한 단어의 개수가 10개가 있고, 한 그룹에 4명의 학생이 있다면, 한 그룹당 40장의 빈 카드를 나눠줍니다. 이때 쏙쏙 단어 암기카드의 색깔을 한 가지로 맞춰서 줘야 합니다.

③ 40장의 카드를 각자 10장씩 나눠 받아서 활용할 단어를 적습니다. 이때 선생님은 칠판이나 화면에 적어야 할 단어 목록을 보여주고 학생들이 차례차례 적을 수 있도록 합니다.

④ 각 그룹별로 모든 카드에 단어를 적었다면 게임을 시작하면 됩니다.

⑤ 각자 3~6장 정도의 카드를 손에 들고 시작하면 되고, 남은 카드는 뒤집어서 가운데에 올려두면 됩니다. 아래 사진에서 손에 들고 있는 카드가 'steak', 'pizza', 'curry'이므로 다른 학생 중에 한명을 골라 질문해야 합니다. 이때

질문과 대답은 해당 단원의 핵심 표현에 맞춰서 변형할 수 있습니다. 선생님은 칠판이나 화면에 변형된 표현을 적어주는 것이 좋습니다. 한 명의 학생을 지목하며, "Do you like

'steak'?" 라고 묻습니다. 지목받은 학생은 자신에게 'steak'가 있다면, "Yes, I do." 라고 말을 하고 'steak' 카드를 지목한 친구에게 줍니다. 만약 'steak'가 없다면 "No, I don't." 라고 대답합니다. 그러면 질문을 했던 학생은 가운데 카드 뭉치에서 카드를 한 장 가져와야 합니다.

⑥ 이렇게 같은 카드가 2장이 모이면 해당 단어를 말하며 바닥에 내려놓고 공개합니다.

⑦ 다음 차례의 학생도 같은 방식으로 다른 한 명의 학생을 지목하여 묻고 답하기를 합니다.

⑧ 가장 먼저 모든 카드를 내려놓은 사람을 승자로 해도 되고, 모두가 카드를 내려놓았을 때 가장 많은 카드를 내려놓은 사람을 승자로 해도 됩니다. 선생님이 미리 규칙을 정해두고 시작하면 좋습니다.

※ 추가 활용 Tip

TV 화면이나 칠판에 학생들이 사용해야 할 표현을 적어두거나, 대본을 그룹별로

나눠주어서 참고할 수 있도록 하는 것이 좋습니다.

## 2. 도블 Dobble

### 1) 간략 설명

도블 게임은 국내에는 '도블'로 잘 알려져 있지만, 영국에서는 'Spot it!'이라고

도 불립니다. 간단히 말하면 '같은 그림찾기' 게임이라고 생각하면 됩니다. 도블

원래 버전이 상당한 인기를 끌어서 '동물원' 버전이 나오기도 했습니다. 2개의 도

블카드를 비교했을 때 정말 신기하게도 똑같은 그림은 딱 한 가지만 나타납니다.

그러면 해당하는 그림을 먼저 외치는 사람이 카드를 가져가거나 버리는 형태로

게임이 진행됩니다.

2) 활용 범위 : 영어 단어 복습

3) 준비물 : 도블용 카드 인쇄 후 코팅 또는 카드 형태로 제작

4) 인원 : 2~6인

5) 방법

① 자신의 단어를 입력해서 나만의 도블카드를 만들어주는 사이트가 있습니다.

  http://aaronbarker.net/spot-it/spot-it.html

  또는 인터넷을 검색하여 엑셀 파일을 활용해 도블카드를 제작합니다. 위
  인터넷 사이트에 가서 단어만 입력하면 바로 도블카드 세트를 만들어주고,
  2쪽 모아찍기로 인쇄하면 카드 형태로 제작할 수 있습니다.

② 이때, 도블카드의 제작 특성상 단어 개수를 딱 맞춰서 입력해야 합니다.

3개 단어 입력 - 한 장의 카드에 2개의 단어가 나타남

7개 단어 입력 - 한 장의 카드에 3개의 단어가 나타남

13개 단어 입력 - 한 장의 카드에 4개의 단어가 나타남

31개 단어 입력 - 한 장의 카드에 6개의 단어가 나타남

57개 단어 입력 - 한 장의 카드에 8개의 단어가 나타남

③ 만약 활용하고자 하는 단어의 개수가 입력해야 할 단어 수보다 모자라면, 나머지 단어들은 (.)온점 또는 (-)막대를 입력하여 그 단어 수를 맞춰주면 됩니다.

④ 단어를 입력하고 〈submit〉를 클릭하면 바로 도블카드용 인쇄 자료를 만들어줍니다. 단, 저작권상 파일 형태로 제공하지 않고 바로 인쇄해서 사용할 수 있습니다.

[출처 : http://aaronbarker.net/spot-it/spot-it.html]

⑤ Display Options에서 어떻게 보일지 선택할 수 있습니다. 특히, Randomly rotate items에 'Yes'를 선택해야 다양한 방향에서 글씨를 읽을 수 있습니다. 이것을 선택하지 않으면 4명이 둘러 앉아 있을 때, 단 한 명만 읽기가 편해서 불공평한 게임이 될 수 있습니다.

[출처 : http://aaronbarker.net/spot-it/spot-it.html]

⑥ 만들어진 카드 목록에서 마우스 오른쪽 버튼을 클릭하여 인쇄하면 됩니다.

⑦ 인쇄할 때는 프린터 속성에서
2쪽 모아 찍기를 선택하면 좀
더 작은 카드 형태로 제작 가
능합니다. 이때 종이를 A4 크
기의 색지로 인쇄를 하면 좋습
니다. 코팅을 하면 재사용이

가능한데, 코팅이 여의치 않다면 두꺼운 종이로 인쇄하는 방법도 있습니다.
A4 크기의 색지도 두께를 고를 수 있습니다. 보통 사용하는 용지의 두께가
80g이고, 조금 더 두꺼운 용지는 120g입니다. 카드처럼 두꺼운 느낌의 용
지는 180g입니다. OA팬시페이퍼 180g의 용지는 카드 느낌으로 인쇄가 가
능합니다. 또 다른 방법으로 상장용지에 인쇄하는 방법도 있습니다.

## 3. 우노 Uno

### 1) 간략 설명

우노는 이탈리아어로 '1'이란 뜻입니다. 혹시 원카드를 알고 있다면 원카드와 아주 유사한 보드게임입니다. 자신이 들고 있는 카드를 순서와 규칙에 맞게 다 버린 학생이 승리하는 게임입니다. 바닥에 놓인 카드와 같은 색깔의 카드 또는 같은 숫자의 카드를 버릴 수 있으며, 와일드 카드는 색깔이나 숫자와 상관없이 버릴 수 있고 상대방을 공격할 수도 있습니다.

### 2) 활용 범위 : 단원 또는 주제를 복습할 때 단어나 문장 모두를 카드에 써서 활용

### 3) 준비물 : 쏙쏙 단어 암기 카드(흰색, 활용할 단어, 문장 개수의 4배수만큼 필요), 한 그룹당 4가지 색깔의 네임펜

### 4) 인원 : 2~6인

### 5) 방법

① 우노 게임은 4가지 색깔에 의미가 있기 때문에 학생들은 색깔을 구별해서 써야 합니다. 이 게임에서 단어나 문장을 모두 활용할 수 있기 때문에 해당 단원에서 배운 단어나 표현을 정리할 때 활용할 수 있습니다.

② 활용하고자 하는 단어와 문장이 15개일 경우 한 그룹에서는 4배수인 60장
의 카드를 받게 됩니다.

③ 학생 한 명이 한 가지 색깔을 정해서 그 정해진 단어와 문장을 따라 적습니
다. 선생님은 학생이 적어야 할 단어와 문장을 제시해줍니다.

④ 각 그룹별로 카드에 단어와 문장을 모두 작성합니다.

⑤ 카드를 섞고 한 사람당 5장 정도의 카드를 받습니다. 남은 카드는 모두 뒤
집어서 가운데에 놓고, 맨 위 한 장을 뒤집어서 옆에 내려놓으면 게임이 시
작됩니다.

⑥ 같은 단어나 문장일 경우 색깔과 상관없이 버릴 수 있고, 다른 단어나 문장
이더라도 같은 색깔일 경우 버릴 수 있습니다. 단, 이때 버리면서 해당하는
단어와 문장을 말해야 합니다. 이 게임은 영어 학습을 위한 것이므로 이것
이 가장 중요합니다. 만약 말하지 못할 경우 옆에서 도와주어야 합니다.(말
하지 못할 경우 벌칙을 주게 되면 영어가 어려운 학생은 게임을 전혀 즐길 수가 없게
됩니다.)

⑦ 영어 단어와 문장을 말하면서 자신이 가지고 있는 카드를 모두 내려놓은 학생이 나오는 경우 승리하게 됩니다.

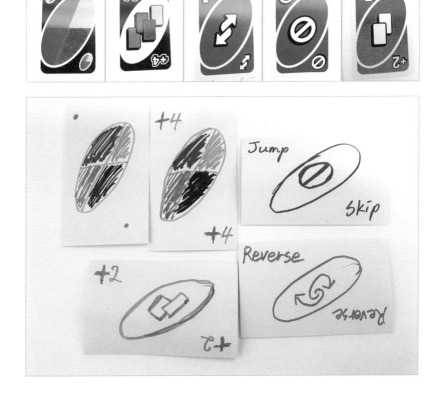

※ 추가 활용 Tip

원작 우노 카드에는 색깔과 상관없이 버릴 수 있는 와일드 카드와 진행 순서 바꾸기, 차례 한 번 쉬기, 2장 가져가기 등의 기능을 하는 특수 카드가 있습니다. 이런 카드들은 선생님이 간단하게 그려서 만든 후 각 그룹에 주면 됩니다.

## 4. 픽셔너리 Pictionary

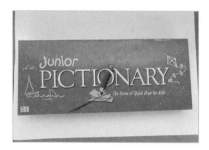 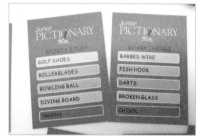

1) 간략 설명

픽셔너리는 해당하는 단어를 한 명의 학생이 그림으로 그리고, 나머지 학생 중에서 그 그림을 맞힐 경우 점수를 획득하는 형태의 게임입니다. 픽셔너리 주니어를 활용하면 초등학교 학생 수준의 영어 단어 게임을 진행할 수 있고, 여러 개의 단원이나 주제에 등장했던 단어를 종합적으로 복습할 때 활용할 수 있는 게임입니다.

2) 활용 범위 : 단어 복습 활동, 단어를 이미지로 기억하기(시각적으로 표현이 가능한 단어들)

3) 준비물 : 활용할 단어들 뽑기 형태. 칠판 또는 화이트보드에 그림 그리기

4) 인원 : 2인~다수

5) 방법

① 배웠던 단어를 인쇄하여 뽑기통 형태로 제작된 통에 넣습니다.

② 학생들은 차례를 돌아가며 한 명이 그림을 그리고, 나머지 학생이 정답을 맞힙니다.

③ 해당 단어를 읽고, 쓰고, 말해봅니다.

④ 팀 경쟁으로 활동해도 되고, 개별 점수로 해도 됩니다.

⑤ 가장 잘 맞힌 학생 또는 가장 그림으로 잘 표현한 학생을 뽑는 활동도 좋습니다.

## 꿀팁 52

# 그림 뮤직비디오를
# 가장 쉽게 제작하는 방법

<이런 상황에서 활용>

초등 영어 수업 중에 '팝송'을 활용할 경우 그림 뮤직비디오를 제작하기도 합니다. 영어로는 'Doodle Video'이며, 보통은 짧게 '그림 뮤비'라고 합니다. 특히 영어교과 전담 선생님의 경우, 담당하는 반이 많아서 영상작업이 어렵다고 느낍니다. 하지만 여러 반의 작품 영상작업을 약 30분~1시간 안에 끝낼 수 있는 방법이 있습니다.

<어떻게 할까요?>

■ 제작 순서

1. 음원 파일 준비(mp3)

우선 그림 뮤직비디오를 제작하기 위해 노래를 선정하고 음원을 준비해야 합니다. 해당 노래의 mp3 파일을 받아서 준비합니다.


2. 그리기용 가사 준비 및 인쇄

① 네이버에서 해당 노래 제목을 검색합니다.

② 네이버 뮤직이 보이고, 노래 제목 옆에 '가사'가 있습니다. 다른 사용자가 올려준 가사입니다. 해당 가사를 전체 블록을 씌운 후 복사합니다. 〈Ctrl+C〉

③ 복사한 가사를 한글 프로그램을 열고 붙여넣기〈Ctrl+V〉 합니다. '텍스트 형식으로 붙이기' 하면 됩니다. 그러면 가사를 한글 프로그램에 입력할 수 있습니다.

④ 단축키 F7(편집용지)를 열어서 용지 방향을 '가로'로 바꾸고, 용지 여백은 가능하면 '위-아래-왼쪽-오른쪽'을 5mm 정도로 잡아줍니다.

⑤ 그럼 옆의 사진처럼 한쪽에 치우쳐집니다.

⑥ 가사 한 줄 한 줄 옆에 숫자를 써줍니다. 숫자는 앞이나 뒤에 써도 되는데, 이것을 안 쓰면 나중에 학생들 작품을 다시 모으고 작업할 때 일일이 순서를 다 찾아내야 하므로 꼭 써줘야 합니다. 그리고 가사가 너무 긴 것은 한 줄 나눠서 1장 더 나오게 해도 되고, 중간에 줄 공백은 없애줍니다. 학생 수를 고려하여 숫자가 적당히 나오게 가사 길이를 이때 조절해야 합니다. 학생이 24명이면 최소한 24줄은 나와야 합니다.

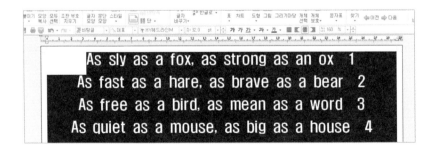

⑦ 번호를 다 매겼다면 전체 블록을 씌우고, 가운데 정렬을 한 후에 적당한 폰트(글씨체)를 고릅니다. 요즘은 폰트에도 저작권이 있으므로 주의해야 합니다. 번호 하나가 한 줄만 차지하게 조절합니다.

⑧ 그다음 단축키 〈Alt+T〉 '문단모양'에 들어갑니다.

⑨ 중간에 보면 '간격'이라는 제목에 '문단 위(U) 0.0 pt'가 있습니다. 이 '문단 위'에 500 정도 숫자를 입력합니다.

⑩ 그럼 아래 사진처럼 가사 1줄이 1페이지에 아래쪽에 위치하게 뜹니다. 이 것은 400~600 사이에서 봐가면서 조정해야 합니다.

As sly as a fox, as strong as an ox   1

⑪ 이렇게 하면 굳이 가사를 일일이 〈Enter〉키 치면서 띄워놓지 않아도 됩니다. 한 번에 전체 가사가 1페이지에 1줄씩 들어갑니다.

⑫ 가사 첫째 줄, 1번 위에 '표지'를 위한 제목과 가수 이름을 씁니다. 저는 'Everything at once by Lenka'라고 썼습니다. 이 제목만 블록을 씌워서 방금 〈Alt+T〉에서 문단 위 500 작업한 것을 없애거나, 아니면 한 200~300 정도 입력하면 중간쯤에 들어갑니다. '표지'이기 때문에 적당히 원하는 대로 살짝살짝 편집하면 됩니다. 저는 예시이기 때문에 간단하게 나오게 했습니다. 보통 표지는 그림에 자신 있는 학생을 선정하여 맡기는 것이 좋습니다.

⑬ 표지+1페이지에 1줄 가사가 작업이 되면 A4 용지에 인쇄하면 됩니다. 예전

에는 A4 도화지에 인쇄했는데, 그렇게 하다 보면 인쇄나 스캔할 때 용지 걸림 문제가 종종 발생할 수도 있습니다.

### 3. 가사 고르고 그림 그리기

이제 수업시간에 학생들이 가사를 고르고 그림을 그립니다. 그림을 그릴 때는 사람이나 사물을 크고 진하게 그려야 화면에 잘 나타납니다.

### 4. 학생 그림 작품 수거(먼저 끝난 학생이 번호대로 정리)

작품을 수거할 때는 번호대로 정리해야 좋습니다.

### 5. 사진 파일로 '스캔'

요즘은 대부분 교무실에 초고속 스캔 겸용 복사기가 있기 때문에 스캐너를 이용해서 그림 파일로 스캔을 합니다. 스캐너 사용 방법만 알면 5분도 채 안 걸립니다.

### 6. 스캔된 파일을 번호에 맞춰서 파일명 바꾸기

번호에 맞춰서 파일명을 바꾸지 않으면 영상 편집 프로그램에서 애를 먹습니다. 아래의 그림처럼 표지는 '00 / 나머지는 01, 02, 03, 04' 형태로 파일명을 번호로 바꿔줍니다. 파일을 클릭하고 단축키 〈F2〉를 누르면 이름 바꾸기가 됩니다.

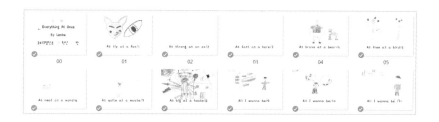

7. '곰믹스' 프로그램 실행

'곰믹스'는 인터넷에 무료로 공개된 소프트웨어입니다. 저는 간단하게 제작하기 위하여 이 프로그램을 사용했습니다.


8. 곰믹스 환경설정(사진 길이를 5초에서 10초 정도로 늘려주기)

① 곰믹스를 실행하고 '환경설정'에 들어갑니다.

② 곰믹스 환경설정 아래쪽에 보면 '초기 지속 시간' 사진 / 이미지가 최초 5초로 설정되어 있습니다. 이것을 10초 정도로 늘려줍니다. 이는 가사 사진이 음악소리보다 더 길어야 편집하기 편하기 때문입니다.

9. 스캔된 파일 전체 곰믹스로 가져오고, 음원파일도 가져오기

① 스캔된 사진 파일을 전체선택 〈Ctrl+A〉 하여 드래그 앤 드롭으로 곰믹스 프로그램으로 가져옵니다. 작품을 만든 반이 여러 반일 경우 아래 추가 내용이 있습니다.

② 그림 뮤직비디오를 제작하는 반이 같은 노래로 여러 반일 경우 폴더 작업을 조금 해줘야 합니다. 아래 사진처럼 각 학년 반 폴더를 만들고 '작업용 폴더'를 하나 더 만들어야 합니다. 이는 매우 중요합니다. 또한 각 반별 작품의 파일명(00, 01, 02, 03, 04 …)이 똑같아야 합니다.

③ 가장 먼저 작업할 반을 '작업용 폴더'에 복사 붙여넣기 하고, 그 작업용 폴더에서 곰믹스로 사진을 불러옵니다. 파일명이 '00, 01, 02'로 되어 있기 때문에

자동으로 순서에 맞춰 사진 파일이 영상 순서로 정리됩니다.

④ 타임라인에 보이는 각각의 파일은 좀 더 잘 보이게 '화면확대'를 눌러줍니다. 〈Ctrl〉을 누르면서 마우스 휠을 위로 굴려도 커집니다.

⑤ 그리고 음원 파일도 가지고 옵니다.

10. 노래를 들으면서 가사에 맞게 개별 사진 길이 조절

'스페이스바'가 〈재생 / 일시정지〉입니다. 스페이스바와 마우스 클릭 및 드래그 앤 드롭만으로 영상 편집작업을 합니다. 노래를 들으면서 일시정지하고 그림의 길이를 줄이면 됩니다. 이 부분 관련 직접 편집하는 영상 주소입니다.

https://blog.naver.com/bsgyo/221418025459

## 11. 길이 조절이 끝나면 '인코딩'

① 작업이 다 끝나면 '인코딩 시작'을 클릭하고 동영상 파일로 저장하면 됩니다. '출력설정'에서 영상의 화질 등을 설정할 수 있으나 그 부분은 생략하겠습니다. 혹시 여러 반을 작업한다면 여기서 그냥 '인코딩'만 하면 안 됩니다. '프로젝트 저장'을 클릭해야 합니다. 프로젝트 저장을 하지 않으면 그동안 작업한 것이 다 사라질 수 있습니다.

② 여러 반 작품을 작업하는 선생님은 여기서부터 천천히 잘 읽고 작업하면, 10~20분이면 8반 분량 영상을 끝낼 수 있습니다. 〈Ctrl+S〉 단축키를 써도 되고 아니면 열린 폴더 옆에 저장을 클릭합니다.

③ 이제 확장자 .grp라는 파일로 저장하겠다고 나옵니다. 헷갈리지 않게 '학년-반' 식으로 파일명을 저장합니다.

④ 해당 학년 반의 '동영상 추출'이 끝났고 프로젝트 저장도 했다면, 곰믹스를 한 번 꺼주세요. 이것을 안 하면 헷갈리게 됩니다.

⑤ 다음 작업은 다른 반의 스캔된

사진 파일을 만들어둔 '작업용 폴더'에 '덮어씌우기'를 하면 됩니다. 그래서 작업 중 일부러 복사해서 붙여넣기를 한 것입니다. 원본 스캔 사진 파일은 살리고, '작업용 폴더'에 복사해서 붙여 놓은 사진 파일은 다른 반 스캔 사진 파일로 '교체' 합니다.

⑥ 다시 곰믹스를 켜고 불러오기〈Ctrl+O〉를 합니다. 방금 전 저장했던 '학년-반'의 프로젝트를 불러옵니다. 이렇게 작업하고 나면 열심히 길이 조절했던 작업은 그대로 살아있는데, 해당하는 스캔 사진 파일이 방금 전 덮어씌운 반의 사진으로 전부 바뀝니다. 정말 똑똑한 컴퓨터입니다. 이제 '인코딩 시작'을 클릭하고 학년 반에 맞게 '다른 이름으로 저장'합니다. 또 위와 같은 방식으로 다음 반, 다음 반, 다음 반 동영상을 추출하면 됩니다. 그래서 실제로 사진 길이 영상편집 작업 자체는 딱 한 번만 하면, 나머지 반은 사진만 바꿔 끼워서 동영상을 추출하면 되는 방식입니다.


12. 동영상 추출이 완료되면 음악과 노래 가사가 맞게 나오는지 확인

완성된 영상을 재생하여 노래 소리에 맞춰서 그림과 가사가 알맞게 나오는지 확인합니다. 학생들은 자신의 작품이 나오는 것을 굉장히 좋아하기 때문에 학생들이 접근할 수 있는 학급 홈페이지 등에 업로드 해주는 것을 추천합니다.

# 요일을 활용하세요
# - 7가지 요일의 유래

<이런 상황에서 활용>

주로 초등 3~4학년 교과서에 요일을 영어로 알아보는 단원이 나옵니다. 요일에 대한 영어 단어를 학습할 때는 그 영어 단어의 유래도 함께 알려주면 학생들이 굉장히 신기해합니다.

<어떻게 할까요?>

초등 영어 교과서 3~4학년에 요일이 나오는 단원이 있습니다. 학생들에게 요일은 굉장히 중요한 문제이고, 학생들의 삶과도 직접적으로 연관되어 있습니다. 제가 만났던 학생들에게 가장 좋아하는 요일과 가장 싫어하는 요일을 설문조사해 보면 정말 신기하게도 많은 학생이 금요일을 가장 좋아하는 요일로 꼽고, 월요일(간혹 일요일)을 가장 싫어하는 요일로 꼽습니다. 요일 중에서는 영어 요일과

한국어 요일의 의미가 연결되는 것이 몇 개 있어서 학생들은 더 신기해하고 유래를 알려주면 더 재밌어 합니다. 특히 요일은 천문학과도 연관이 있습니다.

■ Sunday

일요일은 해의 날입니다. 태양은 영어로 'sun'입니다. 그래서 일요일은 Sunday가 되었습니다. 옛날 로마에서 태양을 신으로 받드는 사람들이 많다 보니 이 날을 쉬는 날로 정했다는 이야기도 있습니다.

■ Monday

월요일은 달의 날입니다. 달은 영어로 'moon'입니다. Moonday에서 발음을 하다 보니 Monday로 내려와서 굳어졌습니다.

■ Tuesday

화요일은 불의 날입니다. 화성에서 유래했고, 화성은 전쟁의 신 티우(Tiw)에서 왔습니다. 로마 신화에서 이 전쟁의 신 이름이 마르스(Mars)로 불립니다. 그래서 화성은 영어로 Mars로 불리기도 합니다. 화요일은 원래 Tiw's day에서 유래됐지만 발음하다 보니 티우스데이가 Tuesday에 더 가까워졌다고 볼 수 있습니다.

■ Wednesday

수요일은 물의 날입니다. 수성에서 유래했으며, 폭풍의 신 오딘(Wodin)과도 연관이 있습니다. Wodin's day에서 오딘스데이라는 발음이 현재의 Wednesday의 발음과 가까워졌다고 볼 수 있습니다.

■ Thursday

목요일은 나무의 날입니다. 목성에서 유래했고, 벼락의 신 쥬피터(Jupiter)와도 연관이 있습니다. 천둥 벼락의 신은 다른 이름으로 토르(Thor)가 있습니다. 토르는 어벤저스라는 유명한 영화 덕분에 모르는 학생들이 없습니다. 그래서 목요일은 Thor's day에서 유래되었다고 하면 바로 다 고개를 끄덕입니다.

■ Friday

금요일은 금성에서 유래했습니다. 샛별이라고도 불리는데, 사랑의 신인 프라이야(Friya)에서 유래되었습니다. Friya's day에서 지금의 Friday와 같은 발음으로 굳어졌다고 볼 수 있습니다. 참고로 사랑의 신 Friya는 다른 이름으로 비너스(Venus)라고도 불리기도 합니다.

■ Saturday

토요일은 흙의 날입니다. 토성에서 유래했으며, 농업의 신인 새턴(Saturn)과 연관이 있습니다. Saturn's day에서 유래하여 지금의 Saturday가 되었습니다.

한국어에서 요일을 부를 때 '월화수목금토일'이라고 짧게 쓰고 부르는 것처럼, 영어에서도 짧게 쓴다는 것을 알려주면 좋습니다. 맨 첫 자만 따면 Tuesday와 Thursday가 겹치고, Saturday와 Sunday가 겹치기 때문에 앞 알파벳 3개를 따는 경우가 많습니다.

<활용 Tip>

한 주의 시작은 월요일일까요? 또는 일요일일까요? 어떤 사람은 한 주의 시작을 일요일이라고 생각할 수 있고, 어떤 사람은 월요일이라고 생각할 수 있습니다. 이때 한 주의 시작에 대한 논란은 주로 종교와 관련이 있을 때가 많습니다. 중요한 것은 한 주의 시작을 어느 요일로 할지는 공식적으로 정해진 것이 없다는 점입니다. 다만, 달력을 보고 일요일부터 써 있다면 그 달력에서는 일요일을 한 주 시작으로 보면 됩니다.

## 꿀팁 54

# 신체 부위를 활용하세요
# - 병원놀이

### <이런 상황에서 활용>

초등 영어에서 신체 부위는 자주 등장하는 주제 중에 하나입니다. 신체 부위가 나왔을 때 조금 더 실감나는 참여형 수업을 구상한다면 병원놀이를 시도해 보세요

### <어떻게 할까요?>

초등 1~2학년 수업 시간에 병원 역할놀이가 등장합니다. 학생들은 병원놀이 세트 등을 활용하여 병원이라는 공간을 가상으로 체험하고 의사, 간호사, 환자 등의 역할을 수행합니다. 초등 영어 수업시간에 신체 부위가 나올 때, 병원놀이의 아이디어를 가져와서 신체 부위를 조금 더 실감나게 익히는 시간을 가질 수 있습니다. 최대한 간단하게 준비하면서 학생들의 참여를 높이고, 발화를 많이 하는 것에 초점을 두는 것이 좋습니다.

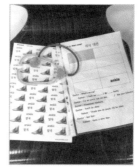

■ 선생님이 미리 준비해야 할 것

의사 대본 및 도구, 신체 부위 라벨지, 의사 팻말, 환자 미션 학습지

■ 놀이 방법

① 모든 학생은 환자가 되어야 하고, 7군데 신
  체 부위가 아픈 환자 역할을 해야 합니다.

② 처음 의사 역할을 하는 학생은 의사 대본
  학습지와 도구, 자신이 해당하는 신체 부
  위 라벨지를 들고 지정된 자리에 가서 대
  기합니다.

③ 나머지 모든 학생은 환자 역할을 하고 순
  서에 상관없이 7곳의 병원을 다 들러서
  미션을 수행해야 합니다.

④ 환자 역할이 끝난 학생은 먼저 의사 역할을 했던 친구와 바꿔줍니다. 의사
  를 했던 친구는 환자 역할도 수행합니다.

■ 놀이 내용

① 학생은 영어로 대화를 주고받는 것이 주가 되어야 하며, 부가적으로 아픈
부위를 조금이라도 아픈 흉내를 내주어야 합니다. 영어 발화 및 연기가 충
분해야 의사는 미션 완료 확인용 라벨 스티커를 뜯어서 줍니다.

② 학생은 미션 학습지가 완료가 되면, 해당하는 신체 부위 위에 미션 완료 스
티커가 붙게 됩니다.

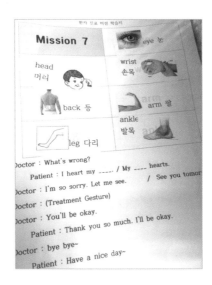

<활용 Tip>

놀이 내용에서 의사의 명칭을 eye doctor, arm doctor, leg doctor, ankle doctor, head doctor의 형태로 하였습니다. 이는 초등 영어의 수준에 맞도록 변경하였다는 점을 학생에게도 알려주어야 합니다.

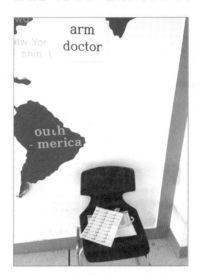
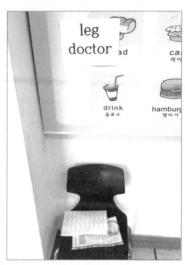

사실 각 병원 또는 의사는 전공 분야가 있고 몇몇 학생은 그 전공 분야를 물어보기도 합니다. 선생님도 아래 단어를 참고로 확인해둘 필요가 있습니다.

치과 의사는 dentist, 외과 의사는 surgeon, 내과 의사는 physician, 성형외과 의사는 plastic surgeon, 정신과 의사는 psychiatrist(couch doctor로도 불림), 피부과 의사는 dermatologist, 안과 의사는 oculist, 비뇨기과 의사는 urologist, 산부인과 의사는 산과와 부인과로 나뉩니다. 산과 의사는 obstetrician, 부인과 의사는 gynecologist입니다. 정형외과 의사는 orthopedist, 소아과 의사는 pediatrician입니다.

# 방학 전 활동은 버킷리스트!

### <이런 상황에서 활용>

방학을 앞두고 학생들은 마음이 한껏 들떠있습니다. 그런 들뜬 마음을 영어 수업시간에 풀어줄 수 있는 방법에는 버킷리스트 쓰기 활동이 있습니다. 학생들은 방학 동안 자신이 하고 싶은 일이나 해야 할 일을 영어로 써보고 발표합니다.

### <어떻게 할까요?>

버킷리스트는 영화 제목으로 아주 유명해진 단어입니다. 원래는 'kick the

bucket'이 '죽음'을 뜻하는 표현이었고, 그 bucket에 list를 더하여 'Bucket List' 라는 단어가 만들어졌습니다. 그래서 버킷리스트는 '죽기 전에 내가 하고 싶은 일 목록' 이라는 뜻으로 쓰이고, 많은 사람이 이를 써보고 실제로 시도합니다. 여름, 겨울방학을 앞두고 있다면 버킷리스트 만들기를 하면 됩니다. 이때 영어 표현으로 "I want to ___." 또는 "I'm going to ___."를 활용하면 됩니다.

버킷리스트를 만들 때 주의할 점은 학생들 중에 죽기 전에 자신이 하고 싶은 일에만 초점을 두고 실현하기 불가능한 일을 적는 경우가 있으므로, 실제로 방학 때 할 수 있는 일을 적도록 유도해야 합니다. 이런 활동을 할 때, 가장 뿌듯한 이유는 학생들이 평소에 안 하는 질문을 정말 많이 한다는 점입니다. 자신이 적고 싶은 내용을 영어로 적고 싶지만 영어 단어를 몰라서 많은 질문을 합니다. 그럼 저는 주로 칠판에 적어서 다른 학생들도 참고할 수 있도록 합니다.

이런 특별한 내용을 작성할 때에는 다양한 색깔의 A4 용지를 활용하면 학생들이 더욱 진지하게 참여합니다. 버킷리스트 활동을 할 때 색지를 사용하는 이유는, 그냥 일상적인 학습지처럼 생각하지 말고 집에 가져가서 방학 중에 언제든지 기억날 수 있게 잘 보이는 곳에 두라는 의미 때문입니다. 처음 작성할 때는 공책 등에 먼저 쓰고 나서 정리가 다 되면 색지에 쓰도록 합니다.

학생들에게 예시로 제시해주면 좋을 만한 '학생용 버킷리스트'입니다.

## My Bucket List Examples

◎ Go to the beach.
◎ Go fly a kite.
◎ Play with water balloons.
◎ Play hopscotch.
◎ Go to a baseball game.
◎ Go fishing.
◎ Picnic at the park.
◎ Family game night.
◎ Ride a bike.
◎ Play soccer at the park.
◎ Go for a hike.
◎ Pillow fight.
◎ Go swimming.

◎ Go skiing.
◎ Visit the library.
◎ Read a new book.
◎ Cook dinner together.
◎ Go skating.
◎ Go roller skating.
◎ Make lemonade.
◎ Make hotchocolate.
◎ Go camping.
◎ Ride a bike.
◎ Go bowling.
◎ Climb a tree.
◎ Watch the fireworks.